Der Reichtum des Menschseins

Matthew I. Nwoko

Der Reichtum des Menschseins

Die Armut des Seins ohne den Anderen

PETER LANG
Frankfurt am Main · Berlin · Bern · Bruxelles · New York · Oxford · Wien

Bibliografische Information Der Deutschen Bibliothek
Die Deutsche Bibliothek verzeichnet diese Publikation in der
Deutschen Nationalbibliografie; detaillierte bibliografische
Daten sind im Internet über <http://dnb.ddb.de> abrufbar.

Umschlagphoto:
Freundeskreis von Leo Meuriße

ISBN 3-631-52221-5
© Peter Lang GmbH
Europäischer Verlag der Wissenschaften
Frankfurt am Main 2004
Alle Rechte vorbehalten.

Das Werk einschließlich aller seiner Teile ist urheberrechtlich
geschützt. Jede Verwertung außerhalb der engen Grenzen des
Urheberrechtsgesetzes ist ohne Zustimmung des Verlages
unzulässig und strafbar. Das gilt insbesondere für
Vervielfältigungen, Übersetzungen, Mikroverfilmungen und die
Einspeicherung und Verarbeitung in elektronischen Systemen.

www.peterlang.de

*Si quis dixerit hominem esse solitarium,
anathema sit.* (Karl Barth)

Zivilisation ist die Entwicklung menschlicher Sensibilität. (Matthew Nwoko)

Danksagung

Die Realität des Menschseins erfahren wir im Leben durch die **Berührung** anderer Menschen. Ich bin persönlich reichlich durch viele Menschen beschenkt worden. Ich denke besonders an Professor Josef Freise, Pastor Alfons Strodt, Familie Elisabeth und Leo Meuriße, Sr. Ursula Ackermann, Jutta Eichholz, Brigitte Scheske-Dreeser, Familie Jürgen und Emilie Birth, Sr. Regina Pelzel, meine Mutter Helena Nwoko, meine Geschwister und an viele andere Menschen. Ich bin dankbar für die Hinweise und die Korrektur, für die Kritik, und besonders für die Freundschaft und die menschliche Nähe, die ich von Euch allen bekommen habe. Schließlich möchte ich dem Peter Lang für das Verlegen der Arbeit danken.

Matthew Nwoko
Bremen, im November 2003

Inhaltsverzeichnis

Vorwort von Professor Josef Freise 9

Einleitung 13

I: DAS LEBEN ALS DIALOG 21
1. Der Mensch und seine Welt des Dialoges 21
2. Die Welt des Dialoges als die Welt der Begegnung 32
3. Die Person als soziale Richtschnur des Dialoges 45
4. Das Dialogische als Grundlage des Ethischen 55
5. Das Ur-Du und der Urdialog 70

II: VERANTWORTUNG IM DIALOG IST MEHR ALS RECHENSCHAFT 79
1. Verantwortung als die Grundlage des Dialoges 81
2. Menschliche Nähe befiehlt zur Verantwortung 87
3. Verantwortung gibt den Dialog seinen Sinn 94
4. Zwischen Wechselseitigkeit, Selbstlosigkeit und Belohnung in dialogischer Beziehung 97
5. Empfindung und Sensibilität als dialogische Lage 105
6. Der Begegnende erwählt mich 114
7. Zwischen Wissen und Aufforderung zur Verantwortung für den Anderen 115
8. Verantwortung und Selbstverantwortung 119

9. Die Freiheit und die unendliche Verantwortung 122
10. Der Ursprung menschlicher Sensibilität und der Grund der unbegrenzten Verantwortung 127

III: DOMINANZ: GRUNDHINDERNIS ZUR BEGEGNUNG UND ZUM DIALOG 129
1. Die traditionelle Dominanz des Ich 132
2. Die Dominanz in der praktischen Beziehung 139
3. Der Gefahr der Dominanz durch die Fürsorge 143
4. Die Wechselseitigkeit als notwendige Kontrolle 149
5. Die Wechselseitigkeit als Kommunikationsvorlage 157
6. Die Wechselseitigkeit und Austausch: Antwort auf den Egoismus/ die Ichsucht 161
7. Die Wechselseitigkeit impliziert kein Egoismus 164
8. Die Primitivität der Rache und Dialog 168
9. Die Gerechtigkeit und die Frage der Dominanz 172

Abschluss 179

Literaturverzeichnis 185

Vorwort

Menschen treten in vielfacher Weise zueinander in Beziehung: als Ärztin und Patient, als Lehrer und Schüler, als Verkäufer und Kundin, als Mutter und Sohn, als Kolleg/innen und Sportsfreunde... In den Human- und Gesellschaftswissenschaften werden diese Beziehungen aus funktions- und systembezogenen Sichtweisen reflektiert, und einen besonderen Stellenwert hat dabei derzeit das ökonomische Paradigma: Menschen werden als Kunden gesehen – in der Verwaltung, die sich serviceorientiert umgestalten soll, in der Sozialarbeit, die sich als Dienstleistung versteht und sogar in der Kirche, die für verschiedene Zielgruppen maßgeschneiderte spirituelle Angebote entwickeln soll. Bundespräsident Johannes Rau hat dazu einmal angemerkt, dass längst nicht alles, was kundenfreundlich ist, auch menschenfreundlich sei.

Matthew Nwokos Buch steht ebenso wie die Äußerung von Johannes Rau quer zu den ‚modernen' funktionsbezogenen Sichtweisen. Mit Bezug auf Martin Buber und Emanuel Lévinas, zwei Philosophen jüdischer Herkunft, setzt er einen gegenläufigen Akzent und betont anstelle aller System- und Rollenzuweisungen das Personsein und die menschliche Würde des Einzelnen. Alles wirkliche Leben ist Begegnung (Buber) und allein die Anwesenheit des Anderen in meiner Nähe ruft mich in die Verantwortung für ihn (Lévinas). Auf diese philosophischen Axiome baut Matthew Nwoko in klaren, verständlichen Worten seine Überlegungen auf. Diese erinnern an Lebensweisheiten, die Kinder intuitiv wissen, Erwachsene aber oft verlernen: Begegnung geschieht da, wo ich dem Gegenüber in die Augen schaue und mich von ihm innerlich berühren lasse. Und helfen muss ich dem Anderen in meiner Nähe einfach deshalb, weil er ein Mensch ist.

Ist ein solcher philosophischer Personalismus angesichts hochkomplexer psychischer Problemlagen des Individuums und äußerst differenziert zu betrachtender gesellschaftlicher Globalisierungsprozesse nicht zu sehr vereinfachend und überholt?

Matthew Nwokos Ansatz eröffnet einen neuen Blick auf die Prozesse der Globalisierung. Eine global orientierte Ethik nimmt ernst, dass alle Menschen miteinander verbunden sind und so erscheint Globalisierung als „der aufklärende Prozess, der uns bewusst macht, dass jeder Mensch auf jeden anderen Menschen angewiesen ist" (S. 90). Damit schließt er an den katholischen Theologen Johann Baptist Metz an, der ein zentrales Merkmal jüdisch-christlichen Glaubens darin sieht, dass es überhaupt kein Leid auf der Welt gibt, dass mich nichts angeht.

Matthew Nwokos philosophische Überlegungen sind auch anschlussfähig an aktuelle Entwicklungen in der Psychologie und der Sozialen Arbeit. Der israelische Psychologe Dan Bar On hat jüdische Überlebende des Holocaust und Nachfahren von Nazi-Tätern zusammengebracht. Dadurch, dass zwischen diesen Menschen eine emotionale Brücke geschaffen wurde, Begegnung stattfand, geschah Heilung von Traumata und psychischen

Belastungen. Der amerikanische Psychologe Marshall Rosenberg führt work-shops zur gewaltfreien Kommunikation mit Vertreter/innen verfeindeter politischer Gruppen durch. „Ein Feind ist ein Mensch, dessen Geschichte ich noch nicht kenne", sagt er und er schafft einen Rahmen, in dem sich die verfeindeten Gruppen ihre Lebensgeschichten erzählen und sich gegenseitig zuhören. Das angestrebte Ergebnis ist nicht Gruppenharmonie, sondern der Respekt voreinander und vor dem Leid, das der Andere durchlitten hat.

Respekt und Anerkennung – zentrale Begriffe bei Matthew Nwoko - sind auch wegweisende Orientierungen für eine multikulturelle Gesellschaft, in der kopftuchtragenden muslimischen Frauen und Andersglaubenden, -denkenden, -aussehenden gleichermaßen ihre menschliche Würde zuerkannt wird. Die Fremdheit des Anderen wird nicht aufgehoben, aber seine Würde wird dadurch gewährleistet, dass ich ihn nicht links liegenlassend einfach nur toleriere, sondern ihm als Mensch – möglicherweise auch im Konflikt – begegne.

Matthew Nwokos Buch sei nachdrücklich zur Lektüre empfohlen. Es gibt für die Entwicklung einer globalen humanen Ethik entscheidende Impulse.

Josef Freise
Professor der Sozialwissenschaft
Katholische Fachhochschule
Köln, im Oktober 2003

EINLEITUNG

Die Notwendigkeit eines Bündnisses der Menschheit hat sich vielleicht nie deutlicher gezeigt als in der Gegenwart. Schlagworte wie Globalisierung, Interkulturalität, Interreligiosität, Ökumene, Dialog, Begegnung, Mitverantwortung u. a. zeigen die Notwendigkeit dieses Bündnisses in unserer Zeit. Sie sind Kennworte, die nicht nur die Realität der Vielfältigkeit in den Bezeichnungen menschlicher Werte andeuten, sondern weisen auch auf Sinn und Einheit der Humanität hin. Aus solchen Fassungen entwickeln sich viele humanistische Strömungen gegen jene Tendenzen in der Tradition, die bisher Denk- und Aussagetätigkeit so dargestellt haben, als ob die Menschen in ihrem Leben und ihren Kulturen die Produkte unserer Denkschemen sind, die man nach leblosen und erstarrten Mustern einordnen kann, ohne Rücksicht auf deren Lebendigkeit als Mitmenschen. Solche humanistischen Strömungen versuchen uns zu zeigen, dass trotz der Vielfältigkeit zwischen den Menschen, es grundlegende Verbindungen gibt, die sie stark machen. Man entdeckt solch starke und neue humanistische Richtung in Denkern, wie Martin Buber und Emmanuel Lévinas.

Durch Buber und Lévinas wird man darauf aufmerksam, dass es verpflichtend ist in unserem Denken, Sprechen und Handeln dem Existierenden „zu begegnen" statt es in die leblose Sphäre der Konzepten zu verschieben. Direkt auf anthropologischer Ebene könnte man in den Worten Nicolai Hartmanns das Problem wie folgt radikalisieren: „Das Problem des 'fremden Ich' ist ein *exemplum crucis* des Idealismus" (Hartmann 1949, 333). Das heißt, der Andere als das begegnende Ich kann nur real für mich sein. Dann bin ich vom lebensfremden Idealismus befreit. Anderenfalls ist der Andere nur meine Vorstellung, dann verbleibe ich in der Selbstbefriedigung der von mir abgeleiteten Meinung der Außenwelt. An solchem Scheideweg wecken Buber und Lévinas nicht nur unsere Aufmerksamkeit für das Problem, sondern geben auch beeindruckende Ansätze, die uns neue Denkrichtungen durch Dialog und Verantwortung eröffnen.

Der Grundsatz lautet: Die grundlegende Verbindung zwischen den Menschen verlangt die Begegnung. Das Sprechen und Denken vom Anderen verlangt auch Begegnung. Denn das Sprechen *über* das Gegenüber fordert zuerst den Dialog mit ihm und die Verantwortung für ihn. Sonst kehrt das Sprechen schnell zu meiner eigenen Welt der Vorstellung zurück und nicht in die Welt, in der ich dem Gegenüber begegne. Das *Sprechen-über* den Anderen und *Sprechen-für* den Anderen setzt das *Sprechen-mit* dem Anderen voraus, sonst bleibt das Gesagte oder Gedachte über ihn nur Vermutung und Vorstellung. Anders gesagt, unsere Denk- und Aussagetätigkeit fordern das „Sprechen-mit" der Außenwelt und die Verantwortung für sie. Eine Rede über den Anderen beinhaltet leere Worte, *flatus vocis*, wenn sie nicht mit Verantwortung verbunden ist, und nicht zuerst eine Rede-mit dem Anderen ist. Denn eine Rede mit dem Anderen verpflichtet zur Verantwortung für ihn und damit ist sie die

Vorlage des Dialoges. Selbstverständlich verpflichtet auch der Dialog zur Verantwortung.

Dialog verlangt Wechselseitigkeit (Reziprozität). Das bedeutet, der Dialog beginnt nicht, bevor der Initiator (der sich den Dialog wünscht oder ihn anstrebt) seinen gewünschten Partner zum Austausch gewonnen hat. Es ist seine Verantwortung, dass solcher Austausch beginnt. Er muss sich für die gewünschte Partnerschaft opfern, mindestens bis der Austausch beginnt. Das ist wichtig. Denn der Dialog beginnt nicht, bis das Gegenüber die Partnerschaft akzeptiert hat und in sie eingetreten ist. Diese Ansicht ist auf keinen Fall als eine Unterstützung der einseitigen Teilnahme am Dialog zu betrachten. Die Verpflichtung für den Anfang der Partnerschaft zu sorgen, beruft sich auf die Urgabe des Menschenbündnisses, d.h. die natürliche Sensibilität des Menschen das Bündnis zu den Mitmenschen zu bewahren (Vgl. z. B. die Sorge um die Nachkommen).

D.h., der Initiator übernimmt die Verantwortung, damit der Dialog beginnt. Es ist die Erprobung seiner Bereitschaft und Kompetenz, wie er den werdenden oder erwünschten Partner motivieren kann. Ist er bereit und kompetent mit ihm in den neutralen Grund der *Egalité*, der Gleichheit, zu treten? Es ist wie ein Bild, in dem man das eigene Haus „momentan" verlassen muss, um das Gegenüber in der neutralen Arena zu treffen. Nachher hat man die Möglichkeit das Gegenüber nach Hause einzuladen und ihm das eigene Zuhause zu zeigen; oder noch besser, erst in das Zuhause des Gegenübers mitzugehen. Es verlangt Kompromisse, um das eigene Haus momentan zu verlassen. Man muss die Weitsichtigkeit haben, um zu wissen, inwiefern man das eigene Haus verlassen kann, um es später wieder zu finden. Einerseits muss vermieden werden, dass der Reichtum menschlicher Unterschiedlichkeit und verschiedener Identitäten durch Uniformität verdrängt wird. Anderseits, muss auch gesagt werden, dass die Überheblichkeit eigenes Gebiet so zu präsentieren, um das des Anderen minderwertig zu halten, oft keinen Eintritt in den Dialog ermöglicht. Der Mittelweg wäre: Ich darf meinen Bereich so verantwortungsbewusst präsentieren, dass es dem Gegenüber die dialogische Erwiderung möglich macht.

In dieser Hinsicht ist die Ausübung des Dialoges nicht als eine Sprach- und Denktätigkeit zu verstehen, in die man sich, was den Menschen betrifft unbeteiligt begeben oder eintreten kann. Die Ausübung ist ein Austausch, in dem sich der Teilnehmer unter den vielfältigen Ansichten „einmischen" darf. Das Leben und Tun des Menschen unter dem Gesichtspunkt seines Verhältnisses zum Gegenüber (im Existenzverhalten) ist nicht von der Tätigkeit der Diskussion zu trennen. Aber es muss betont werden, dass die aktive Teilhabe am Leben der Schlüssel zum Dialog ist und nicht die abstrakte Diskussion. Die abstrakte Diskussion, die sich vom Leben abtrennt kann nicht die Grundlage des Dialoges sein.

'*Der Geist der Abstraktion*'[1] (vgl. Marcel, 1952, 48) stellt die abstrahierte Welt über den konkret bewussten und betroffenen Menschen. Somit isoliert sich die

---

[1] Marcels Bezeichnung der fanatischen Haltung über Abstraktion.

Welt des Begegnenden von der Welt des Ich. Der Geist des Dialoges wird durch den Dominanzgeist ersetzt. Abstraktion, Verallgemeinerung und Technik sind zwar legitim und manchmal unvermeidbar, weil sie unsere Gedanken in ihren begrenzten Gebieten befruchten, aber man kann nicht alles abstrahieren oder technisch behandeln. Man kann auch den Dialog mit dem Leben nicht zu einer Sache der Abstraktion und Technik machen. Anders gesagt: Die Begegnung mit den Menschen und der Natur darf nicht auf Konzepte reduziert wird.

In der vorliegenden Arbeit geht es um den Dialog mit dem anderen Menschen im Sinne des Teilens von Leben. Der Dialog ist auch mit dem verantwortungsbewussten Gespräch verbunden. Aber ein dialogisches Gespräch kann nur in der Gegenwart des Gegenübers stattfinden. Mein Diskurs mit dem Begegnenden, wie auch mein Handeln mit ihm, bekommen ihre ethische Bedeutung durch seine Gegenwart. Konkreter gesagt: Das Wort des Anderen an mich verlangt, dass ich ihm verantwortungsbewusst antworte. Mein Meinungsaustausch ist nur richtig, wenn er zum Dialog führt, wenn er Verantwortung fordert (Verantwortung für beide Seiten). Hier ist impliziert, dass meine Betrachtung des Mitmenschen und der Natur überhaupt u. a. nicht nur die Frage menschlicher Verantwortung für die Außenwelt ist, sondern auch die Frage meiner *Verantwortung für meine eigene Aussage*. Ich soll etwas so sagen, dass es zum Erbauen des Menschlichen führt.

Die grundlegende Aufforderung besteht darin, dass ich unterscheide zwischen dem konkreten Anderen, mit dem ich unmittelbar, jenseits meiner Aussagetätigkeit, zu tun habe und dessen Vorstellung, die ich in meinem Ausdruck vermittele. Diese Unterscheidung gehört zur ethischen Pflicht des Gespräches. Es ist mir *verboten* etwas zu sagen nur um des Sagens willen, ohne Verantwortung dafür zu übernehmen. Und somit löse ich mich vom Egoismus, der meine Tätigkeit nur nach meinem *Interesse* vertritt. In diesem Punkt kommt die Meinung des Verantwortungsphilosophen, Emmanuel Lévinas' uns nahe.

Dass die *Nähe/Annäherung* des Anderen mir gegenüber die Verantwortung für ihn befiehlt, hat vielleicht niemand so nachdrücklich dargestellt als Lévinas. In dieser Hinsicht kann ich sagen, dass mein Bewusstsein der Nähe des anderen Menschen nicht nur die Wahrnehmung, dass er *da ist* bedeutet, sondern auch, dass ich für ihn die Verantwortung habe. Und mehr: Der Rufe seiner Gegenwart beinhaltet den Imperativ, dass ich eine Verantwortung für ihn habe. Sie ist aber nicht die Verantwortung, die zur Dominierung des anderen Menschen führt oder ihm die Kraft des Mitwirkens (Mitverantwortung) wegnimmt. Im Gegenteil, sie ist die Mitverantwortung, die den anderen auffordert mitzuwirken. Sie ist die Verantwortung in der Aussicht auf Dialog, nicht Verantwortung, die die gegenseitige Mitwirkung herunterspielt. Denn, wie wir später erklären werden, die Frage der Mitverantwortung beinhaltet die Frage des Dialoges.

Sicher geschieht die Nähe oder Annäherung des anderen Menschen als Ruf an mich, bevor ich mir seiner Nähe bewusst bin. Ich bin *ab initio* von seiner Sache betroffen. Ich bin also als Mensch von Anfang an für ihn verantwortlich. Die Übernahme der Verantwortung ist der erste Schritt zum echten Dialog. Die Übernahme darf den resultierenden Austausch weder abschwächen noch unterbewerten, vielmehr soll sie ihn unterstützen. Im konkreten Leben mit dem anderen Menschen übernimmt man die Verantwortung, indem man sich zur wirklichen Verbindlichkeit im Gespräch und Handeln einlässt. Sich auf verbindliches Gespräch und Handeln einlassen, bedeutet in ersten Linie sich auf den Austausch einlassen. Das verbietet alle Formen der Oberflächlichkeit. Darum meint Buber: „Das dialogische Leben ist nicht eins, indem man viel mit Menschen zu tun hat, sondern eins, indem man mit den Menschen, mit denen man zu tun hat, *wirklich* zu tun hat" (Buber 1992, 167).[2]

Zusammengefasst ist die Verpflichtung der Verantwortung mit dem Imperativ des Dialoges verbunden. Denn in der Frage des Dialoges geht es um den verantwortungsbewussten Austausch zwischen den Menschen, um die *verantwortungsbewusste Nähe* zwischen den Menschen. Die Nähe des anderen Menschen ruft mich von Anfang an nicht nur zur Verantwortung für ihn, sondern auch zur gemeinsamen Verantwortung *mit* ihm für die ganze Menschheit, d.h. zur Mitverantwortung.

---

[2] Das Kursive ist meine Akzentuierung.

I

DAS LEBEN ALS DIALOG

1. Der Mensch und seine Welt des Dialoges

Es wäre keine ungewöhnliche These zu behaupten, dass das Dialogische das ist, was das soziale Leben des Menschen ausmacht. Es ist nicht mehr zu übersehen, dass ohne das Dialogische das soziale Leben in unserer Welt verstummen wird. Es ist zumindest die allgemeine Meinung, dass die Menschheit, trotz allem Anschein, ohne Dialog zwischen den Menschen, zwischen den Kulturen und Religionen, nicht mehr auskommen kann. Das erfordert eine Untersuchung, worin das Dialogische besteht. Vielleicht findet sich dabei ein wesentlicher Schlüssel zum praktischen Wissen über das Menschliche. Das heißt, dass die wahre Grundlage des Wissens vom Menschlichen nicht mehr in der Besinnung und Selbstbesinnung des einzelnen Menschen in Isolation von den Anderen besteht, sondern in der Besinnung, die mit dem konkreten Dialog mit dem Menschen verbunden ist. Das Hauptanliegen dieser Reflexion ist nicht die Beschäftigung mit irgendeinem philosophischen Problem der menschlichen Existenz, sondern dem im Dialog stehenden Menschen selber unmittelbar zu begegnen und ihn da zu erkennen. Hinsichtlich des Dialoges, gibt es also die Notwendigkeit eines neuen Denkens über den sozialen Menschen.

Das heißt, ich darf den begegnenden Menschen so darstellen, dass das konkrete Leben des Austausches dabei bestehen bleibt. Weder den Begegnenden noch mich darf sich als Zuschauer darstellen. Als einer, der über die Begegnung denkt, spricht und lebt, bin ich schon in den Dialog involviert, nicht nur mit mir selbst, sondern auch mit meinem Gegenüber, mit meinem Mitmenschen. Als ein Mitmensch bin ich selbst in die Sache verwickelt. Ich kann nicht so tun, als ob es mich nichts anginge. Seine Anwesenheit appelliert nicht nur an mich, dass ich ihn zu Kenntnis nehme, sondern fordert mich auch zur Begegnung mit ihm auf. Und als ein Begegnender muss ich meine leibhafte Ganzheit, mein konkretes Selbst und auch meine Subjektivität als berührter Mensch einsetzen. Ich bin ein Betroffener, der mit ihm im Dialog steht und ich muss die Ganzheit meiner Person einbringen. Das gleiche gilt auch für mich, wenn ich über die mitmenschliche Begegnung und den Dialog spreche oder denke. Wie Buber empfiehlt, muss ich „in den Akt der Selbstbesinnung in Wirklichkeit ganz eingehen, um der menschlichen Ganzheit inne werden zu können" (Buber 1962, 316). Ich darf nicht ein Zuschauer sein, der am Rande des Spielplatzes steht und berichtet. Ich bin selbst ein aktiver Spieler. Ich brauche keine vorbereitete und gedachte Absicherung. Ich muss mich ganz in das Leben, auch das des Anderen hineingeben. Das heißt, ich muss *dabeisein,* um die Wirklichkeit selbst zu erleben, zu erkennen und um mitzuwirken. So gründet sich die wirkliche Rede über die Begegnung der Menschen auf das Dabeisein und auf das Lebensverhältnis des

Dabeisein und auf das Lebensverhältnis des Begegnenden.

Der Dialog geschieht nur innerhalb der konkreten Begegnung, der Gegenwart des Anderen. Das heißt, der Dialog geschieht nicht in der Abwesenheit des Anderen. Ich kann also die Begegnung nicht delegieren und auch nicht den Dialog. Darum entspricht das abstrakte Denken/Sprechen nicht der dialogischen Ebene. Denn soweit ich mich nur abstrakt als ein Mitglied der Menschengattung sehe, das nur mit Konzepten und Ideen zu tun hat, bleibe ich nur ein Zuschauer. In einer solchen Form des Beitritts verfehle ich das wesentliche Menschsein – das Dabeisein. Es ist nicht gemeint, dass das Wissenschaftliche im dialogischen Denken keinen Platz hat, sondern es muss eine neue Richtung finden, nämlich eine, in der das Vielfältige des Menschlichen einen freien Spielraum hat. Das Konkrete im begegnenden Menschen bleibt erhalten. In diesem Sinne hat eine wirkliche Erkenntnis des Menschen, wie Buber sagt, nicht mehr nur mit der Abstraktion des Menschenwesens nach der Menschengattung zu tun, sondern mit den konkreten Menschen, den Unterschieden zwischen Menschentypen, zwischen Menschen verschiedener Charaktere, Lebensalter, Lebensklassen, Menschen verschiedener Kulturen, verschiedener Völker, usw. Das heißt, ich kann das wirkliche Sein des Menschen nur in seinem konkreten Lebens*verhältnis* begreifen und erfassen.

Es geht darum, eine solche Erkenntnis über das menschliche Leben zu erlangen, die man nur im wahren dialogischen Austausch erreichen kann. Denn es ist dem

Menschen nicht gegeben, trotz seiner Einzigkeit in seinem monologischen Sinn, sich als ganzes in sich selbst zu finden, das an das Absolute rührt. Er entdeckt sich selbst in der konkreten Begegnung und im Austausch mit den Mitmenschen. Um ein ganzer Mensch zu werden, braucht er kein Verhältnis zu sich, das die Anderen ausschließt, sondern ein Verhältnis zum anderen Menschen, um sich gut zu entfalten.

Das alles klingt wie etwas Selbstverständliches. Aber die Verarmung des heutigen Menschen durch den starken Druck des Separatismus gibt Grund zum Nachdenken. Diese Gedanken gelten nicht nur für die Beziehung zwischen den Einzelmenschen, auch zwischen den Gruppen, zwischen den Völkern, den Staaten, den Nationen, den Religionen usw. Der Individualismus bewirkt einen negativen Einfluss in der Beziehung zwischen den einzelnen Menschen. Dieser negative Einfluss geht über in das Gesellschaftliche durch den starken nationalen und regionalen Protektionismus, der gegen die Beziehung zwischen den Gruppen, zwischen den Völkern, den Staaten, den Kulturen, den Religionen wirkt.

Das Problem ist nicht nur der Individualismus als solcher, sondern auch das Trugbild des Individualismus in der Form einer scheinbar menschlichen Beziehung, die aber die Menschen als „Sachen" darstellt. Die Gegenüber werden wie *erstarrte* Dinge (seien sie Menschen oder andere Wesen) gesehen, die bloß da sind. Aber die echte Beziehung ist eine unmittelbare Relation und Verständigung zwischen mir und meinem Gegenüber – zwischen Ich und Du (das Du ist in der vorliegenden Arbeit als der

Mitmensch zu interpretieren), wie der Dialogphilosoph Buber es ausdrückt. Man kann die menschliche Beziehung nicht in eine äußere erstarrte Formel verwandeln, die man sich beliebig zur Verfügung stellt, auch wenn die hauptsächliche Verbindung (die unmittelbare Verbindung) zwischen dem Ich und dem Du nicht mehr da ist.

In diesem Zusammenhang stellt sich die Frage: Kann man dann über solche unmittelbare Beziehung außerhalb ihrer direkten Erfahrung sprechen? Denn über etwas sprechen bedeutet, dass man auf irgendeine Form zurückgreift. Aber die Erinnerung an eine solche Beziehung bleibt ihrer konkreten Erfahrung noch fern. Es bleibt nur eine Möglichkeit sich darüber auszudrücken: Sich im Geschehen einer Beziehung zu äußern und nicht mehr. Anstatt des Erinnerns einer Beziehung, lässt das Geschehen eine neue Beziehung zu. Das ist das, was dem Dialogischen seine Grundlage gibt. So ist jede dialogische Beziehung etwas Einmaliges.

Der Kern des dialogischen Umgangs besteht darin, dass der Beteiligte seinem Gegenüber mit seinem ganzen Wesen begegnet und ihn mit seinem ganzen Wesen *anspricht*. Der Ausgangspunkt ist die Präsenz des Menschen mit seinem ganzen Wesen vor dem Gegenüber, denn nur dadurch lässt er sein eigenes Menschsein entfalten. In diesem Sinne hat das Menschsein mit der vollen Präsenz des einen zum gegenüberstehenden Wesen zu tun (vgl. Buber 1986, 83).

Die entsprechende Welt des Menschen ist also die Welt des Dialoges. Sie besteht in einem echten zwischenmenschlichen Verhältnis, in dem die Menschen in einer Beziehung einander näherkommen und sich miteinander austauschen. Das Näherkommen und der Austausch sind nicht nur auf den äußeren menschlichen Verkehr (z. B. Blicke, Rede) beschränkt, sondern zielen auch auf die Gegenseitigkeit der inneren Haltung und Handlungen der Menschen zu- und miteinander. Die Voraussetzung eines solchen dialogischen Verhältnisses ist die Offenheit der Menschen zueinander. Diese Offenheit verlangt etwas anderes als die allgemeinen Formen unserer Wahrnehmung. Sie bedeutet etwas anderes als die Menschen zu beobachten, zu betrachten oder über sie nachzudenken. Sie verlangt, dass die Menschen als dialogische Partner nicht als Gegenstände der bloßen Wahrnehmung voreinander stehen, sondern dass sie sich als Mitmenschen unmittelbar einander begegnen.

Der Mitmensch ist einer, der unmittelbar in mein eigenes Leben hinein spricht. Er begegnet mir persönlich, durch seine Zuwendung oder indem er mir etwas über sich selbst sagt. Er gibt sich mir unmittelbar zu erkennen. Ich verinnerliche ihn. Wie Buber sagt, „Ich habe mit ihm zu tun bekommen" (ebd. 152). Durch ihn ist mir etwas gesagt worden, was ich nicht abmalen, nicht erzählen, nicht beschreiben, nicht abstrahieren oder irgendwie äußerlich ausdrücken kann, weil er für mich kein Gegenstand und kein Begriff ist. Er ist mein *Du*. Die existierende Verbindung *verbietet* mir abzumalen, zu beschreiben, zu erzählen, zu abstrahieren usw. Denn sie zieht sich von jeder Form des äußerlichen Ausdrucks außerhalb der existierenden Beziehung zurück. Z. B., der

Ausdruck ‚Du bist mein Du' vermittelt etwas anders als ‚Er ist ein Du', und noch anders als ‚Solch ein Mensch ist ein Du'. In der zweiten und dritten Aussage verschwindet schon das Erlebte. Das Beschriebene gibt dem Zuhörer nur die Möglichkeit „dies" Ich-Du Erlebnis zu erahnen. Ich kann zwar das Beschriebene durch meine Erinnerung von irgendwelchem anderen Ich-Du-Erlebnis erahnen, aber ich erinnere mich nur an ein vergangenes Erlebnis, nicht an das jetzige.

Es muss an dieser Stelle bemerkt werden, dass sich nicht jede menschliche Beziehung zum unmittelbaren Erlebnis der Ich-Du-Beziehung realisieren lässt. Aber keine echte menschliche Beziehung wird menschlich heißen ohne das Fundament der Ich-Du-Beziehung in irgendeiner Form. Sie konstituiert und motiviert die wesentliche Dynamik des Menschseins. Die Aussage „Ich bin" weil „Du bist" oder „Ich bin" wäre nicht möglich ohne „Du bist" (vgl. F. Ebner), trifft den Punkt genauer. Und wenn ich zu jemandem Du sage, verwirkliche ich mich als ein wahres *Ich*. Bei Buber heißt es: „Ich werde am Du; ich werdend spreche ich Du" (Buber 1992, 14, 32). Das bedeutet, ich erlebe einen Menschen. Er steht mit mir im Dialog. Er kann mich vielleicht belehren, oder ich kann ihm helfen. Ich brauche ihn nur *anzunehmen*. Friedrich Heinrich Jacobi formuliert die Ich-Du-Beziehung sehr deutlich und konsequent: „Ohne Du ist das Ich unmöglich."

Das Wesentliche hier ist, dass der Partner zu seinem Gegenüber mit seinem ganzen Wesen in gegenseitige Beziehung tritt. Grundsätzlich ist diese lebendige

Gegenseitigkeit das, was jeder Begegnung ihre Bedeutung als Dialog gibt. Indem ich dem Anderen wirklich *begegne*, gebe *ich* mich so wie ich bin, im Vertrauen darauf, dass *er* sich mir gibt, und so werde ich *verpflichtet* und *befähigt*, ihn zu *tragen* und getragen werden. Die Annahme dieser Verpflichtung und Verantwortung ist der Brennpunkt des dialogischen Moments. Denn im Dialog geht es um die Tatsache, dass das Wohl und der Standpunkt meines Gegenübers als eines Menschen wie ich, mir nicht gleichgültig ist.

Es ist hier nötig zu bemerken, dass nicht alles, was wir in der allgemeinen Sprache Dialog nennen, die Bedeutung der Ich-Du-Beziehung erfüllt. Aber ein echter Dialog, der seine Begründung durch die Ich-Du-Beziehung hat, braucht sich im Vordergrund nicht immer als Ich-Du-Beziehung, wie bei einer Liebesbeziehung zu realisieren. Der echte Dialog, in dem der Partner sein Gegenüber in seinem Dasein und Sosein wirklich und vorbehaltlos meint und nach einer lebendigen Gegenseitigkeit mit ihm strebt, unterscheidet sich von der sachlich bedingten Verständigung. Die sachlich bedingte Verständigung ist nicht an dem Partner als einem Menschen interessiert. Der wirkliche Dialog unterscheidet sich auch von dem, was Buber als den dialogisch verkleideten Monolog zwischen den Partnern nennt, die gegeneinander verschlossen sind (vgl. Buber 1992, 166). Im Gegenteil zum Dialog fehlt im Monolog die Rücksicht auf die Gleichberechtigung des Partners zur Erwiderung.

- Ist Monolog nur negativ?

An dieser Stelle ist es hilfreich die Gedanken über den Monolog kurz zusammenzufassen. Der oben verwendete Ausdruck „der dialogisch verkleidete Monolog" von Buber, erweckt schon den Gedanken vom Widerspruch und vom Missbrauch des Begriffes *Dialog*. Denn oft meinen wir, dass der Monolog ein Gegenteil des Dialoges ist. Aber in einer monologischen Haltung kann es auch heißen: man versucht seine Gedanken zu äußern (scheinbar wechselseitig), um einen *guten Eindruck* zu machen, ohne Rücksicht auf das Gegenüber zu nehmen. Hier wird die Gegenwart des Begegnenden, mit dem man redet, nicht wahrgenommen. Man tut als ob das Gegenüber, mit dem man redet keine reale Person wäre, als ob er nicht da wäre. Der Monolog ist eine Unterhaltung, die von einem Bedürfnis nichts mitteilt, die nichts erfahren lässt, die nicht verbindlich auf jemanden einwirkt und somit auch keine Verbindung mit jemandem eingeht und pflegt. Monolog ist eine Unterhaltung, die nur allein das gewünschte eigene Selbstgefühl durchsetzt. Man meint einen Gesprächspartner zu haben, aber in Realität existiert nur der Phantom-Partner. Das wirkliche Gegenüber existiert im scheinbaren Gespräch nicht. Es geschieht nur ein Selbstgespräch in Form eines scheinbaren Dialoges. Jeder ist für sich und stellt den anderen als relativ und fragwürdig dar. Es existiert nur ein Pseudodialog, wie bei einem scheinbaren Liebesgespräch, in dem jeder Partner nur sein eigenes Gefühl genießt, ohne sich zu bemühen den Anderen zu ziehen.

Im Monolog steht der Andere nicht so zu mir, dass wir uns wirklich begegnen. Es ergibt sich keine richtige Beziehung. Monolog hat nicht unbedingt mit der Einsamkeit zu tun, sondern mit der fehlenden Fähigkeit des Menschen, sich in der Gemeinschaft *wesensmäßig zu verwirklichen*. Im Monolog ist das Ich als Individuum verschlossen in sich. Zu dem Anderen bleibt es eine Abstraktion, die keinen konkreten Inhalt hat. Nur in Beziehung zu einem Anderen (im Dialog), besitzt es konkreten Inhalt (vgl. Cullberg 1933, 17). Das bedeutet: Wer im Dialog lebt, hat die Fähigkeit, das, was der Andere ist und sagt, zu empfangen. Den Anderen empfangend ist er eher befähigt sich weiter in Beziehung zum Anderen zu setzen, im Gegensatz zu dem, der im Monolog lebt.

Anders als das dialogische Streben, das eine *Hinwendung* zum Anderen ist, ist der Monolog nicht schlechthin die Abwendung als Gegensatz zur Hinwendung zu den Anderen, sondern eine Verhaltensweise, in der man den Anderen nur als eigenes Erzeugnis sieht. Kurzum, Hinwendung als ein dialogisches Verhalten ist eine innere Bewegung, mit der der Mensch von sich aus zum Anderen geht, zum Anderen gelangt und beim Anderen verweilt. Die monologische Verhaltensweise dagegen ist eine innere Bewegung, in welcher der Mensch sich nur nach innen wendet, in sich einschließt, ohne den Anderen. Aber die wirkliche menschliche Grundbewegung im Sinne der zwischenmenschlichen Haltung ist die Hinwendung zum Dialog. Darum könnte man behaupten, dass die natürliche Welt des Menschen die Welt des Dialoges ist, nicht die des Monologes. Aber das heißt nicht, dass der Monolog keinen positiven Sinn hätte. Im Gegenteil: jedes monologische Verhalten erfüllt doch seinen positiven Sinn, indem es zum Dialog führt.

Begegnung kann auch beziehungslos sein, bis man in sich zurückgefunden hat. Die Rückkehr zum Selbst und zur Selbstbesinnung des Monologes dienen zum Aufbrechen in der Beziehung zum anderen Menschen.

2. Welt des Dialoges als Welt der Begegnung

Was bedeutet dann *Beziehung* in dialogischer Hinsicht? Wenn sie die natürliche Haltung des Menschen ist, wie oben angedeutet, dann bedeutet sie eine grundlegende Gegebenheit im menschlichen Wesen? Inwiefern ist der Mensch wirklich von Natur aus geeignet, mit seinem ganzen Wesen unmittelbar und gegenwärtig dem Gegenüber zu begegnen und sich durch diese Begegnung zu verwirklichen?

Wenn man *Beziehung* als ein grundlegendes Prinzip des Menschseins annimmt, trifft man auf das immer wiederkehrende Problem der *Sozialität* und der Nähe des Anderen. Sie betrifft die Frage der Identität des Einzelnen in seiner Beziehung zu den Anderen. Wie kann er seine Identität vor den anderen Menschen in der unmittelbaren Begegnung bewahren? Besteht nicht das Risiko, dass der Einzelne auf Grund der Begegnung mit dem anderen Menschen seine Identität verliert? Nein. Ein solches Risiko betrifft nicht die dialogische Beziehung. Denn der Prozess des Dialoges besteht nicht in der Assimilierung des Anderen. Das wäre eine widersprüchliche Vorstellung von der dialogischen Beziehung. Denn eine dialogische Beziehung geschieht überhaupt nur unter der Bedingung, dass die werdenden Partner ihre voneinander differenzierenden Positionen haben. Schon von Natur aus besteht eine Differenz zwischen Personen. Aber um den Dialog nötig zu haben, muss die Differenz nicht unbedingt gravierend sein aber Verschiedenheit muss präsent sein. Dass das Leben in sich mit den Begegnungen immer unter der Spannung der Verschiedenheit zwischen den Akteuren läuft, gibt dem Dialog seinen Sinn als den notwendigen Teil des menschlichen Lebens. Aber wenn der Dialog ein wesentlicher Bestandteil menschlichen Lebens ist, bedeutet es, dass die Verschiedenheit auch ihre Gründe in der Wesensstruktur des Einzelnen hat, die seiner Veranlagung zur Begegnung zum anderen Menschen ausmacht. Sie unterstreichen die Einzigartigkeit und Einmaligkeit des Einzelnen gegenüber dem anderen Menschen.

Die Differenzen sind auch das Zeichen der Triebkraft des Einzelnen zur Begegnung. Einfach ausgedrückt zeigen sie, dass der Einzelne eben *anders* ist als jeder Andere und dass dieses Anderssein seine Grundlage in der Begegnung mit dem Anderen ist. Das Anderssein beinhaltet aber auch die „Ander(e)heit" (einfacher geschrieben als Anderheit); die Ander(e)heit charakterisiert die Lostrennung des einen Wesens vom anderen Wesen, wie bei der Zählung. Im Allgemeinen impliziert jedes Anderssein die Ander(e)heit, aber nicht in jeden Fall impliziert Ander(e)heit das Anderssein. Jedoch bei den Menschen, wie bei unserer Diskussion, impliziert Anderheit Anderssein und umgekehrt. Jeder *Andere* ist *anders*. In der vorliegenden Arbeit gilt diese Implikation auch immer in beide Richtungen. Diese Implikation in beiden Richtungen akzentuiert für uns die Einmaligkeit jeder einzelnen Person als eines Menschen. Das heißt, die Differenzen kann man nicht nur als negative Beschaffenheit sehen, sondern auch als etwas positives, als *Anziehungskräfte* verschiedener Pole.

Die Differenzen sieht Buber als die Möglichkeit in der Natur des Menschen, die ihn zur dialogischen Beziehung führt (vgl. Bubers *Urdistanz*). Sie (die Differenzen) ermöglichen ihm die Distanzierung als die Basis, in der der Mensch vor jeder wahren Beziehung das Anderssein des Anderen wahrnimmt und sich selber erst dann für die Beziehung öffnet. In diesem Zusammenhang hebt sich deutlich die Tiefe der Person und des Anderssein/der Anderheit des Einzelnen in einer wirklichen Beziehung (*Ich-Du-Beziehung*) gegen jene Relation ab, die den Einzelnen in Beziehung zum Anderen als Sache sieht (die *Ich-Es-Relation*).

Die Differenzen kann man auch folgenderweise verstehen: Mein Gegenüber ist anders, nicht nur weil es Unterschiede zwischen uns gibt, sondern auch weil es ein anderes Ich mir gegenüber ist. Um in den Dialog mit ihm einzutreten, genügt nicht die Anerkennung der existierenden Differenzen zwischen uns als werdenden Dialogpartnern, sondern setzt die Anerkennung der Präsenz eines anderen selbständigen Ich außer mir voraus. Es ist die Anerkennung, dass mein Gegenüber kein Produkt von mir ist. Es ist ein selbständiges Ich unabhängig von mir, ein eigenes Ich. So kann man auf dieser Ebene, auch das Anderssein des Anderen im Zusammenhang mit den differenzierenden Merkmalen zwischen den gegenüberstehenden Partnern darstellen. Solche Darstellung ermöglicht zwei Bilder des handelnden Ich zu differenzieren: das Ich mit seinem Anderssein als einer *Person*, ein selbständiger Partner des Anderen und das Ich als Objekt des Denkens und Gebrauchens vor dem Anderen.

Aus der vorhergehenden Erklärung können wir folgende Schlussfolgerung ziehen: Die Anerkennung der Selbständigkeit des anderen Menschen fördert zugleich die Anerkennung seines Andersseins. Und die Akzeptanz seines Andersseins fordert meine Bejahung zur Verantwortung in gegenseitiger Beziehung zu ihm heraus. Und die wechselseitige Beziehung ist eine notwendige Grundlage des Dialoges – sie ist schon Dialog.

a) Dialog setzt Anerkennung und Bestätigung voraus

Im Allgemeinen gilt es, das Folgende zu behaupten: Jeder Mensch in seiner Seinslage ist zur Selbständigkeit berufen. Zu seinem eigenen Dasein gehört die wesentliche Lostrennung, die ihn von jedem anderen als Individuum trennt, und uns somit ermöglicht uns sein Anderssein zu erfahren. Das, was er ist (sein Dasein und Sosein), ist kein Resultat eines begegnenden Gegenübers. Er ist anders, wesenhaft anders (und noch anderes). Dieses Faktum des Andersseins spielt eine entscheidende Rolle in jeder echten dialogischen Begegnung. Der Dialog in der mitmenschlichen Beziehung beginnt überhaupt nur, wenn das Ich das Du in seinem ganz anderen Dasein und Sosein annimmt und nicht als eigene Projektion oder als ein Gedachtes sieht. Denn, indem ich ihm in seinem Anderssein zustimme, entgehe ich der gewöhnlichen Gefahr, ihn als meine Vorstellung darzustellen. Jedes Gegenüber in seinem Anderssein ist nämlich *mehr* als meine *Erzeugung* des Gegenübers durch mein Erfahrungs- und Erkenntnisvermögen. Das heißt, das Resultat unseres Erkenntnisvermögens kann uns das Gegenüber in seiner Ganzheit nicht vermitteln. Nur in seinem Anderssein, das auch seine Eigenständigkeit impliziert, gibt es sich dem anderen Menschen im Dialog hin.

Das Anderssein des Menschen hängt auch mit seiner Wesensform zusammen und entspricht seiner Eigenständigkeit. Durch seine Anderheit, können wir etwas über seine Ganzheit, Einheit und Einzigartigkeit aussagen. Sie bestätigt auch seine Eigenständigkeit in den 'dialogischen Raum' einzutreten. Anders gesagt, sie gibt uns einen gewissen Abstand, um unser Gegenüber wahrzunehmen. Diesen Seinsbezogenen Abstand nennt Buber „Urdistanz". Sie ist das „innere Zurücktreten, um das Andere in seiner Anderheit wahrnehmen zu können" (H-J. Werner 1994, 62).

Diese Wahrnehmung des Andersseins und die darauf folgende Akzeptanz des Anderen ist nicht eine Absonderung des Gegenübers von mir, sondern eine Bejahung seines Daseins und Soseins. Diese Bejahung seines Dasein und Soseins ist auch mit der Anerkennung seiner persönlichen Beschaffenheit und Befähigung in der Gesellschaft verbunden. Es ist ein wesentliches Bedürfnis des Menschen als Person, in seinem Anderssein bestätigt zu werden (vgl. Buber 1962, 423). Dass der Mensch sich Bestätigung wünscht und den Anderen bestätigen kann, ist notwendig für den Dialog und eine Voraussetzung aller anderen Merkmale der dialogischen Beziehung.

Diese Anerkennung des Andersseins des anderen Menschen darf nicht als bloße Aufopferung konzipiert werden. Sie hat mit der Balance von Hingebung und Selbstvervollkommnung zu tun. Das heißt, indem er sich einem anderen Wesen hingibt, bildet sich seine Persönlichkeit und trägt zu seiner Selbstvervollkommnung bei. Das impliziert, dass die Bestätigung des Andersseins des Anderen zugleich der Selbstbestätigung dient. Mit der Anerkennung des Andersseins des Anderen wird meine eigene Identität nicht vernachlässigt. Im Gegenteil, ich gewinne sie, und somit bin ich moralisch in der Anerkennung des Andersseins nicht überfordert im Sinne der Selbstaufopferung. Anerkennung des Andersseins des Anderen ist also mehr als eine Selbstaufopferung. Sie ist noch reicher als Toleranz. Denn durch die Anerkennung des Andersseins baue ich einen grundlegenden Raum auf, in dem das Verständnis für den mitmenschlichen Austausch geschehen kann, anstatt dem Mitmenschen *Almosen* in Form der Toleranz und der Selbstaufopferung zu gewähren.

b) Anerkennung zählt mehr als Toleranz

Die Anerkennung des Andersseins des Anderen bedeutet nicht das gleichgültige *Tolerieren* des Anderen. Es geht mehr darum, dass ich ihm mit ganzer Hingabe begegne. Meine Bestätigung seiner Anderheit setzt voraus, dass ich ihn als Mitmenschen anerkenne. Bei der Toleranz dagegen genügt nur mein gleichgültiges Verhältnis. In einer solchen Situation kann Begegnung im engsten Sinne nicht beginnen. Sie beginnt, indem ich ihn als einen Menschen, einen *Mitmenschen* bestätige. Somit ist die Frage, ob ein Fremder nie in einen Dialog eintreten kann, beantwortet: Wenn man in den Dialog eingetreten ist, ist man kein Fremder mehr. Das bedeutet nicht die Eintönigkeit aller Parteien, sondern dass trotz der Verschiedenheit, eine wesentliche Beziehung für den Austausch existiert.

Im Sinne der mitmenschlichen Beziehung, in der man den Anderen nicht zu einem nützlichen Ding macht, sondern ihn als einen Mitmenschen annimmt, öffnet man die Tür zur Wahrheit über den anderen Menschen. Man geht eine verpflichtende Bindung (Verantwortung) mit dem Gegenüber ein, d.h. die verpflichtende Bindung des Mitmenschseins.

Diese Meinung konfrontiert die Grundprobleme der Beziehung in unserem Zeitalter: des Individualismus und Egoismus. Aber wenn alles gesagt ist, bleibt für den Menschen, als einen Wahrheitssuchenden, nicht viel übrig, als sich auf den schwierigen Grat des Dialoges zu begeben. Der Dialog ermöglicht ihm die direkte Auseinandersetzung mit den Ich-bezogenen Haltungen, die die mitmenschliche Beziehung verhindern. Er verlangt von ihm die Offenheit zu einem gegenseitigen Austausch des Lebens mit dem Gegenüber. Die Wechselseitigkeit ist aber nicht als Handelsbedingung zu betrachten, sondern als die Wesenskraft echt dialogischer Beziehung nach außen – zum Anderen (vgl. wechselseitige oder symmetrische Beziehung - Buber). Denn eine Bewegung zum verantwortungsbewussten Austausch hin, kann zuerst von mir aus beginnen, ohne auf die gegenseitige Antwort meines Gegenübers zu warten und sie zu erwarten - eine selbstlose unabhängige Initiative (vgl. nichtwechselseitige oder asymmetrische Beziehung – Lévinas).

c) Die Selbstlose Verantwortung schließt nicht wechselseitige Rückantwort des Gegenübers aus

Die Wechselseitigkeit gehört zum äußeren Wirken dialogischer Beziehung. Sie ist nicht im Konflikt mit der nichtwechselseitigen Beziehung, die zum inneren Leben des *Dialogsinitiators* gehört.[3] Die wechselseitige Beziehung beruht auf der Notwendigkeit menschlicher Beziehung nach außen, sich nach dem Anderen zu richten. Die nichtwechselseitige aber beruft sich auf das innere Gewissen in der menschlichen Beziehung. Durch meine Initiative in den Dialog mit einem Gegenüber einzutreten, bin ich verpflichtet davon zuerst die Verantwortung zu übernehmen, auch wenn mein gewünschter Dialogpartner noch keine Rückantwort gibt. Ich bin verpflichtet, verantwortlich für ihn, für uns zu sein, auch wenn er seine Verantwortung für mich noch verweigert. Das ist die Grundaufforderung meines Menschseins. Der Mensch ist im *Urdialog* der menschlichen Gemeinschaft geboren. Gebunden mit meinem Wesen als Mensch, bin

---

[3] Es gibt eine starke Auseinandersetzung zwischen Buber und Lévinas über die Stellung der wechselseitigen (symmetrischen) Beziehung und nichtwechselseitigen (asymmetrischen) Beziehung.

ich aufgefordert für den anderen Menschen Verantwortung zu übernehmen. Ich bin ein Gefangener des Menschseins. Ich kann es nicht abwählen, auch wenn ich es mir anders gewünscht hätte. Denn mein Menschsein hört niemals auf. So bin ich für den Mitmenschen verantwortlich für immer.

Diese innere Stimme des Menschseins, die keine Bedingungen stellt, drückt sich im mitmenschlichen Imperativ des Handelns so aus: Bleib doch ein Mensch! Es ist unabhängig von der Rückantwort meines Gegenübers. Wie Lévinas sagt, was das Gegenüber macht ist seine Sache. Aber innerhalb des Menschseins als eine Basis der menschlichen Beziehung ist die Wechselseitigkeit vorhanden. Aber die Frage ist: Wie realisiert sich ein wechselseitiger Dialog konkret? Es muss zuerst einen Initiator des Dialoges geben bevor man von einer Erwiderung spricht. Der Initiator muss zuerst allein den selbstlosen und unentgeltlichen Weg gehen bis der Dialog zu Stande kommt. So steht er schon unter der Aufforderung der nichtwechselseitigen (asymmetrischen) Beziehung. Denn das Sich-opfern bis zum Anfang des wechselseitigen (symmetrischen) Austausches, unabhängig vom Verhalten des Anderen entspricht schon der nichtwechselseitigen Beziehung. Er (der Imperativ der nichtwechselseitigen Beziehung) ist die Basis des wechselseitigen Dialoges.

An diesem Punkt angekommen, halten wir fest, dass zum Wesen mitmenschlicher Beziehung das nichtwechselseitige und wohl auch das wechselseitige Konzept gehören. Aber während das Wechselseitige mit dem äußeren Merkmal menschlicher Beziehung zu tun hat, beruft sich das Nichtwechselseitige auf die innere. Das innere gibt den Imperativ und bewirkt zur Realisierung einer gegenseitigen Beziehung.

Obwohl es einseitig aussieht, wie schon erwähnt, entsteht der Dialog nur wenn die Selbst-Opferung des Initiators sein Gegenüber zur wechselseitigen Erwiderung bewegen kann. D.h. der Initiator muss die Verantwortung zuerst allein tragen, bis der Dialog beginnt. Das ist die Erprobung seiner Bereitschaft zum Dialog. Es ist auch die Erprobung seines Geschickes den werdenden oder erwünschten Partner für den Dialog zu gewinnen.

Es ist wie das Bild des Hausbesuches. Ist der Initiator bereit in den neutralen Grund der *Egalité* – der Gleichheit zu treten? Dann muss er *momentan* das eigene Haus verlassen aber *nicht verlieren*, um das Gegenüber in einer neutralen Arena zu treffen, auch wenn es ihm schwer fällt. Aber nachher hat er die Möglichkeit ihn nach Hause einzuladen und ihm das eigene Zuhause zu zeigen. Es verlangt sicher Kompromisse, um das eigene Haus momentan zu verlassen. Dazu muss man Kompetenz haben, um zu wissen, inwiefern man das eigene Haus „verlassen" kann, um es später wiederfinden zu können. Die Überheblichkeit eigenes Revier so zu präsentieren, dass das des Anderen minderwertig erscheint, ermöglicht oft kein Eintritt in den Dialog. Es geht nicht um die Parität der Lehrinhalte. Wenn es so wäre, hätten wir keinen Bedarf an Dialog. Es geht zuerst um die Anerkennung der Gleichheit des Daseins aller Dialogpartner.

Dialog verlangt also die Wechselseitigkeit. Das bedeutet, der Dialog ist solange noch nicht da, bis der Initiator (der sich den Dialog wünscht oder anstrebt) seinen gewünschten Partner für den Austausch gewonnen hat. Er muss bereit sein sich für die gewünschte Partnerschaft zu stellen, mindestens solange bis der Austausch beginnt. Das ist notwendig, weil kein Dialog beginnt, bis das Gegenüber die Partnerschaft akzeptiert hat und sich einbringt.

d) Mehr über die Wechselseitigkeit in der mitmenschlichen Beziehung

Wechselseitigkeit ist ein Prinzip der sich abwechselnden Kraft des Gebens und Nehmens zwischen Partnern in der dialogischen Bewegung aufeinander zu. Sie ist die innere Zuwendung, die die Basis des Dialogischen bildet. Das ganze dialogische Prinzip kann man als das Prinzip der Gegenseitigkeit bezeichnen. In seinem Buch *Ich und Du* schreibt der Dialogphilosoph Buber: „Beziehung ist Gegenseitigkeit. Mein Du wirkt an mir, wie ich an ihm wirke" (Buber 1992, 19). Gabriel Marcel drückt es einfacher aus: Ich bin, weil Du bist. Das heißt, die Gegenseitigkeit des Dialogischen ist sichtbar in der Wirklichkeit der mitmenschlichen Beziehung. Das Ich-Sein und Ich-Sprechen impliziert immer das Du und umgekehrt (das Du als den Menschen). Wenn man das Ich ausspricht, ist das Du involviert, und wenn man das Du ausspricht, ist das Ich auch einbezogen. Denn, es gibt kein Ich an sich und kein Du an sich. Das Sein des Ich impliziert auch das Sein des Du und umgekehrt. Aber es ist nicht die Implikation der Produktion des Du durch das Ich. Es findet eine *Reflexivität* statt, die nicht in sich selbst besteht. Es ist das Geheimnis der Gegenseitigkeit. Sie zeigt, dass das andere Ich da ist. Sie verlangt die Verantwortung des Ich und des Du in gegenseitiger Begegnung. Verantwortung selber heißt, sich als eine mittragende Antwort dem Dasein des Anderen geben (als ein an mich „gesprochenen Wort"). Das Tragen solcher Verantwortung geschieht in der Beziehung nur aus Gnade.

Gegenseitigkeit gibt der echten Beziehung ihre innere Kraft und ihren inneren Grund. Sie besteht im gänzlichen Austausch zwischen dem Ich und dem Du. Der, zu dem ich Du sage, gibt sich mir in seiner Ganzheit aus Gnade, so wie ich mich ihm in meiner Ganzheit öffne. Das Gegenüber erreicht man nur durch seine Ganzheit. Man darf es nicht nach seinen Einzelzügen aufteilen. So warnt auch Buber: „Ich kann die Farbe seiner Haare oder die Farbe seiner Rede oder die Farbe seiner Güte aus ihm holen, ich muss es immer wieder; aber schon ist er nicht mehr Du" (ebd. 12). Dies ist das Problem, wenn ich mein Gegenüber nach meiner Ansicht zu formen versuche. Er wird zu *meinem* eigenen Produkt, meinem Es. Er ist nicht mehr mein Du, weil ich ihm nicht mehr als einer ganzen Person begegne. Er wird zu einem Gegenstand gemacht und nicht als einen Mitmenschen angenommen. Es fehlt die Unmittelbarkeit der mitmenschlichen Beziehung. Denn die echt menschliche Wechselwirkung zwischen den Partnern geschieht optimal nur durch direkte Bindung, durch unmittelbare Bindung. Durch die dritte Person muss sie schon die erste Beziehung erfüllt haben.

Ein Hinweis: Es ist nicht gesagt, dass die gegenseitige Wirkung der Partner aufeinander das gleiche Gewicht hat oder haben muss. Die gegenseitige Hinwendung macht es nicht erforderlich, dass die eine Seite eine gleich intensive Erwiderung von der anderen erfährt. Unerlässlich ist jedoch die Berührung des Ich durch die Präsenz des Gegenübers als Lebenssubstanz.

3. Die Person als soziale Richtschnur des Dialoges

Bisher haben wir die mitmenschliche Beziehung im Dialog aus der Sicht des Gegenübers (Du) akzentuiert. Das Thema der dialogischen Beziehung ist jedoch auch aus der Sicht zu betrachten, die zugleich das Ich und das Gegenüber (Du) als Mitmensch betrifft: von der Person her. Es muss von der Definition des Menschen in seiner Ganzheit und Innerlichkeit für die Offenheit des Austausches betrachtet werden. Der Ausgangpunkt und das Ziel der dialogischen Beziehung ist die menschliche Person. Zum-Anderen-aufbrechen, Zum-Anderen-gelangen, und Beim-Anderen-verweilen, dazu braucht man einen Ausgangsort in sich selbst als Person. Der Mitmensch ist mehr als ein Eigenwesen oder ein Individuum. Er ist eine Person, der ganze Mensch. Nur das gegenüberstehende Ich (der Andere) als Person kann in eine echte Beziehung oder in einen Dialog eintreten. Zwischen zwei Individuen geschieht nur eine oberflächliche und unwesentliche Relation, in der sie den Abstand voneinander noch weiter halten. Eine solche Relation ist oft von Gleichgültigkeit geprägt, weil eben das Ganze fehlt. Die Relation bezieht sich nur auf einige Aspekten des Gegenübers nicht auf die ganze Person. Man betrachtet nur das Leben des Anderen von bestimmten Perspektiven, nicht den ganzen Menschen als eine Einheit. Aber das Ganze ist die Person. Nur bei wirklicher Begegnung spricht man den Menschen an, den ganzen Menschen. Oder besser gesagt:

nur bei der wirklichen Begegnung berührt man den Menschen, den ganzen Menschen.

In diesem Zusammenhang sagt die traditionelle Definition der Person von Böethius als einer unteilbaren Substanz des vernünftigen Wesens („*naturae rationalis individua substantia*" – Böethius, *De duabus naturis III*) für den Dialog zu wenig aus. Zwar ist die Ganzheit angedeutet, aber die Offenheit der Begegnung als Grundsatz dialogischer Beziehung nicht angedeutet. Im Dialog aber wird die Existenz und Bedeutung des Menschen durch die Begegnung mit den anderen Menschen ausdrücklicher. Das heißt, die Person als *individua substantia* bezeichnet zwar die Ganzheit und die Innerlichkeit des Menschen, aber der begegnende Mensch muss in seiner Ganzheit-Innerlichkeit zugänglich von außen sein und sich nach Außen aufmachen. Das heißt, der Mensch realisiert wirklich sein Personsein nur insofern er in die dialogische Beziehung mit dem anderen Menschen eintritt. Anders gesagt: Nur in der mitmenschlichen Beziehung ist die Person eine Realität (vgl. Guardini 1962, 110ff).

Die Person hat also ihre wichtige Rolle innerhalb der menschlichen Gemeinschaft. Im konkreten Sinne ist sie der Verantwortungsträger der Gemeinschaft. Die Gemeinschaft hat Gesicht und Ansicht nur durch die Person. Aber nur die selbständige Person kann, wie bereits ausgeführt, wahrhaft in einen Dialog eintreten. Die Gemeinschaft in ihrer kollektiven Form ist nur als von der Person abgeleitet zu verstehen. Aus Erfahrung wissen wir, dass auf die konkrete Person die Grundaufforderung des Dialoges zukommt. Die Definition der so genannten juristischen Person, wie Staat, Nation, Volk etc., ist mehr oder weniger von der Definition der menschlichen *Einzelperson* abgeleitet. Nur die Einzelperson allein kann die echte Verantwortung übernehmen, und in wirklichen Dialog eintreten.

Anders gesagt, die juristische Person hat ihre Bedeutung als Person in der konkreten Aufnahme der kollektiven Verantwortung durch konkrete Personen (z.B. Personal oder Repräsentanten etc.). Das gilt auch, wenn sie für eine Gruppe handelt. Nur der Einzelne als Person kann in der Wirklichkeit hören und sprechen, antworten und verantworten. Nur er kann die konkrete Wirklichkeit erleben, nicht die Gemeinschaft. Er steht als Träger der sozialen Verantwortung immer am Scheideweg zwischen seiner personhaften Wesensentscheidung und den Kollektiventscheidungen der Gemeinschaft. Dieser Scheideweg hat in der Geschichte des sozialen Denkens immer viele Richtungen hervorgebracht.

Seit dem großen Aufbruch zum *Kollektivismus*[4] im 19. Jahrhundert (vgl. Marxismus-Leninismus, Anarchismus, Bolschewismus etc.) ist eine neue Antwort auf die Frage nach dem Platz des Einzelnen in der kollektiven Existenz dringlich geworden. Viele Denker berufen sich auf den Schutz des Einzelnen vor der drohenden

---

[4] Kollektivismus kennzeichnet alle Systeme des Denkens, die die Unterordnung des Einzelnen unter die Gemeinschaft betonten. Der Einzelne existiert nur für die Gemeinschaft und dient ihr, nicht die Gemeinschaft dem Einzelnen. Das heißt, dass die Gemeinschaft an erster Stelle steht.

Assimilation in der Gesellschaft. Bis in unsere Zeit ist diese Sorge geblieben. Im 21. Jahrhundert mit den Aufstiegschancen der Globalisierung ist die Notwendigkeit der Sicherung des Platzes der Einzelperson und seiner Integration in die *Weltgesellschaft* (sozialen und ökologischen) zu spüren. Der Wert des Menschen als Person darf nicht weiter auf dem Altar der wirtschaftlich gierigen Maschinerie der Gesellschaft geopfert werden. Der kollektive Egoismus beispielsweise, der in unserer Zeit zur Abgrenzung der hilflosen Gruppen führt, bleibt eine Umkehr zur Primitivität, die das wirkliche Soziale negiert.

Man braucht nicht das Soziale abzuwerten, um den Platz der Person zu sichern. Im letzten Jahrhundert haben manche Denker in ihrem Übereifer für den Einzelnen das Soziale missbilligt. Dadurch wird die Gesellschaft (und auch die Gemeinschaft) zu einer gestaltlosen Menge erklärt, die dem Einzelnen gegenübersteht. Alles, was das Soziale repräsentiert, wird als negativ dargestellt. Zum Beispiel wird die Politik als Unwahrheit dargestellt (vgl. Sören Kierkegaard). Aber die Gemeinschaft der Menschen kann man nicht zum Kollektivismus herabsetzen. Der Einzelne ist auch sehr schwach ohne den Mitmenschen.

Eine weitere Unterscheidung zwischen Gemeinschaft und Kollektivität ist nötig. In der Kollektivität bindet sich jedes Ich an das andere wie am Fließband. Kollektivität entsteht durch das *Nebeneinandersein* vieler Menschen. Die Gemeinschaft dagegen ist das *Beieinandersein* einer Vielzahl von Personen, in der jeder Einzelne seine innere Freiheit hat. Das Streben im Gemeinschaftsleben zeigt sich in der gegenseitigen Verantwortung der Partner durch den Dialog.

Dieser Unterschied hat nicht die Absicht das perennierende Grundproblem des Sozialen herunterzuspielen; nämlich die Frage des Ortes des Einzelnen innerhalb der Gemeinschaft zu ignorieren. Wir können die Frage um die Bedeutung der Autonomie und Integrität des Selbst nicht übergehen. Denn die Frage, ob das Soziale als Kollektivität oder Gemeinschaft gesehen wird, ist auch mit der Frage verbunden: Wie kann ich in der Beziehung mit anderen Menschen als ein selbständiger Mensch mit eigener Autonomie und Integrität weiter bestehen? Besteht nicht immer wieder die Gefahr, dass der Mensch als ein involviert sozialer Einzelner auf ein funktionierendes Teil der Aktivität einer Gruppe reduziert wird? Wird er nicht von einem Menschen zu einer Nummer in der Gesellschaft herabgesetzt? Oder besteht nicht das Risiko, dass er sich selber dem Anderen angleicht? Sich mit dem Anderen vergleichen oder sich dem Anderen angleichen oder sich zum funktionierenden Glied einer Gruppe machen, bedeutet immer wieder sich die Grundfrage nach der Identität des Einzelnen als eines sozialen Menschen innerhalb der Gemeinschaft zu stellen. Der Mensch braucht die Gemeinschaft, wie auch die Gemeinschaft den Einzelmenschen braucht. Es ist die Würde des Menschen als Person, die der menschlichen Gemeinschaft ihren Wert verleiht. Trotz der Mühe alle Thematisierungen zu vermeiden, bleibt die Person die beste Möglichkeit das menschliche Wesen konkret auszudrücken.

Die Gemeinschaft ohne die Person wäre nichts; sie wäre nur das Abstraktum einer gesichtslosen Menschenmenge. Ihre Wirklichkeit ist nur im persönlichen dialogischen Anruf und in der persönlichen Antwort präsent. Der Einzelne ohne das 'Personsein' ist auch ein namenloses und ersetzbares *Individuum*. Einerseits darf die Person nicht in der Menge untergehen, andererseits darf sie ihre Zugehörigkeit zur Gemeinschaft nicht verlieren. Die Person steht in der Mitte. Von ihr aus gelangt man zur Gemeinschaft. Denn nur aus Personen[5] in ihrer Gemeinsamkeit, nicht aus Individuen ist Gemeinschaft gegründet. Denn diese Verbindlichkeit des Persönlichen im Dialog oder Gespräch mit dem Anderen ist das, was die Gemeinschaft ausmacht.

In diesem Zusammenspiel des Einzelnen und der Gemeinschaft, das die innere Bedeutung der menschlichen Person schildert, kommt die allgemeine Sprechweise des Daseins vom Gemeinschaftlichen, das *Wir*, zum Ausdruck. Im gemeinschaftlichen *Wir*, lässt sich das Gemeinsame zugleich vom sozialen Einzelnen sowie vom sozialen Kollektiven gegenwärtig ableiten. Denn die

---

[5] Nur Personen haben Namen, nicht bloß Individuen. Aber Namen sind nur gültig in der Gemeinschaft. Denn ohne Gemeinschaft ist Name bedeutungslos. In vielen Kulturen ist die Verbindlichkeit des persönlichen Dialoges oder Gespräches im Ruf des Namens ausgedrückt. Es zeigt, dass man im Gespräch mit dem Anderen steht, auch wenn es um die spiritualen Wesenheiten geht, wie im Religiösen. Im Buch Jesája, z. B. heiß es, „ich habe dich beim Namen gerufen, du bist mein." (43, 1)

natürliche Mitte zwischen dem Ich und dem Du im Gespräch miteinander ist das *Wir*. Im „wesenhaften Wir"[6] verschwindet die Gefahr, dass der Einzelne weder in einer organischen Masse untergeht, noch als ein isolierter Einzelgänger abstürzt. Er steht nicht mit sich allein in Beziehung und ist nicht im gesichtslosen *Man* (in der Menschenmenge der Gesellschaft) verloren, sondern er steht mit den Anderen in Beziehung, zu denen er wirklich Du sagen kann. Denn aus dem wahrhaften Du-Sagen entsteht auch das wahrhafte Wir-Sagen. Gemeint ist hier das *persönliche Wir* und nicht das *zeremonielle Wir*; und das Du als der Mitmensch ist gemeint. So kann man sagen: Wie das wesenhafte Andere das *Du* ist, so ist die wesenhafte Gemeinschaft das *Wir*.

Diese Verbindung wird deutlicher in der Frage der Verantwortung. Wie bereits ausgeführt, ist nur die Person im konkreten Sinn verantwortlich, aber verantwortlich für und in der Gemeinschaft. Denn eine Entscheidung hat die Gewissheit ihrer Richtigkeit nur als eine persönliche Entscheidung, und nur die Gewissheit, die durch unser Gewissen erzeugt wird, kann *persönlich* sein. Allein die Person kann, zugleich *angerufen und antwortend*, die Gemeinschaft und den Einzelnen recht vertreten.

---

[6] Buber spricht vom wesenhaften *Wir*, das zu wenig erkannt ist, weil man bisher nur die Energien der Gruppenbildungen betrachtet und nicht die innere Struktur, die die Grundlage von diesen Energien ist (vgl. S. 374).

a) Der Reichtum der Verantwortung und die Mitverantwortung des Anderen

Eine der Eigenschaften des Dialoges, die sich auf den etymologischen Hintergrund des Begriffes Dialog bezieht, ist der Begriff der Verantwortung. Die mitmenschliche Beziehung (Ich-Du-Beziehung) bedeutet nicht nur die Präsenz des Anderen, sondern auch Verantwortung für ihn. Lévinas interpretiert Buber in dieser Hinsicht so: „Die Anwesenheit des Du, des Anderen, ist *ipso facto* ein an mich gerichtetes Wort, das Antwort heischt" (Lévinas 1963, 125). Das bedeutet, Dialog hat mit dem gesprochenen *Wort*, mit der Ant*wort* und der Verant*wort*ung zu tun. Vor meinem Du, meinem Mitmenschen, bin ich die Antwort an ihn, auf Grund des zu mir gesprochenen Wortes. Ich kann mich nicht *vor* ihm als Zuschauer verhalten. Mein Sprechen ist meine Antwort und mein Bescheid seiner Begegnung. Aber als wirkliche Antwort bin ich verpflichtet den Begegnenden in Schutz zu nehmen: Ich bin *verantwortlich* für ihn.

In vielen Sprachen ist die Verwandtschaft zwischen den Begriffen ‚Sprechen', ‚Antworten' und ‚Verantwortung' klar etymologisch zu erkennen. Z.B. im Deutschen ‚*Wort*', ‚Ant*wort*en' und ‚Verant*wort*en'/ ‚Verant*wort*ung'; im Englischen „*response*", „*responsibility*"; ähnlich ist es in den romanischen Sprachen vorhanden, usw. Bemerkenswert in diesem Zusammenhang ist die hebräische Prägung in der Begrifflichkeit des dialogischen Denkens Bubers: Etymologisch ist das Wort „*der Andere*" im Hebräischen mit dem Begriff der „Verantwortung für den Anderen" verwandt (vgl. die hebräischen Worte: *acher* = der Andere und *achariout* = Verantwortung). So kann man sagen, dass die echte Verantwortung eine wichtige Verbindung mit der dialogischen Beziehung zum anderen Menschen ist. Sie ermöglicht ein wirkliches Antworten zum Gegenüber. Den Dialog mit dem Anderen kann man als eine verantwortliche Antwort auf den Ruf des Anderen erklären.

Der Ruf des Anderen, der Ruf des Dialoges, der mich zur Verantwortung verpflichtet, fällt nicht auf leeren Boden. Nein. Jeder Mensch hat in sich die Basis, die ihn zu einem aufnahmefähigen Fruchtboden für den Ruf des Anderen und ihn auch fähig zum Dialog macht. Der Dialogphilosoph, Buber, spricht vom ähnlichen Fundament, von einer Urform, die er *das eingeborene Du* nennt. Jeder Mensch hat in sich wesenhaft eine Bereitschaft, eine ihn einfassende Form, ein *Seelenmodell*, das den Menschen zum Dialog als Person hin orientiert. Es ist der Grundsatz der menschlichen Beziehung zur Außenwelt. In den erlebten Beziehungen, in denen der Mensch dem Anderen als seinem Du begegnet, realisiert er das eingeborene Du und entfaltet somit sein wahres Wesen als Person. Das heißt, der Mensch ist für ein mitmenschliches Verhältnis (Ich-Du-Verhältnis) grundsätzlich geeignet. Anders ausgedrückt: Der Mensch ist durch seine fundamentalen inneren Zugkräfte grundsätzlich zum Dialog mit dem anderen Menschen befähigt.

Für unseren Ausgangspunkt zeigt sich hier ein plausibles Argument: Wenn *Beziehung* grundlegend zum Menschsein gehört, kann die Entfaltung des Menschseins nur durch die Auswirkung des in ihm ruhenden Fundaments des Du an der begegnenden Außenwelt geschehen. (Das Du begegnet dem Du). Die Verweigerung der Begegnung mit dem Anderen dagegen, kann zu einer innerlich trügerischen und destruktiven Ansicht der Selbsterfüllung führen, die vom Menschsein entfremdet. In dieser Entfremdung von der eigenen Grundlage zur wirklichen Selbsterfüllung, erstarrt die Kraft des den-anderen-suchenden Du in ihm und wird zu einem um sich rotierenden Ich, das sich selbst einsperrt. Der von sich entfremdete Mensch nimmt sich die Kraft des *Du-sagens* weg und kann nur Ich sagen. So meint er, dass die Welt durch Vermutungen und Vorstellungen seines Seelenzustandes zu entdecken ist. Für ihn spielt die selbstständige *wirkliche* Außenwelt keine große Rolle mehr. Alles, was außer dem Ich steht, wird nur von sich aus gesehen und gedeutet.

Da präsentiert sich die Frage der Verantwortung für das Gegenüber wieder neu. Grundlegend für diese Verantwortung ist die Gewissheit und Akzeptanz, dass der Begegnende nicht das Produkt meiner Ansicht ist. Solche Akzeptanz des Begegnenden in seinem Sosein zeigt sich konkret in der Anerkennung seiner Teilnahme an der Verantwortung – in *Mitverantwortung*: Verantwortung mit sozialer Bedeutung.

4. Das Dialogische als Grundlage des Ethischen[7]

In unserer Gegenwart verstärkt sich die Tendenz oder Meinung, das Ethische vom Religiösen zu trennen um eine neue Anthropologie, die scheinbar unabhängig von beiden ist, zu gründen. Man spricht von Anthropologie, die nur mit den naturwissenschaftlichen Experimenten zu begründen ist. Die implizierte Frage heißt: Kann man den Menschen ohne seine Geistigkeit neu definieren? Am Anfang dieses Jahrtausends haben die Genwissenschaftler durch ihre Behauptung, das Geheimnis des menschlichen Genoms entschlüsselt zu haben, in der Menschheit so unterschiedliche Gefühle wie Bewunderung und Begeisterung aber auch Angst hervorgerufen. So wurde verkündet: ‚wir haben den Schlüssel entdeckt, womit Gott die Welt geschaffen hat.' Dazu flüstern uns manche Menschen: ‚wir brauchen keinen Gott mehr.' Nur in Grenzsituationen, wie z. B. der terroristischen Zerstörung des Trade Centers in New York (11. September 2001), veränderte sich schnell die Meinung, dass wir doch den Menschen nicht gut genug kennen und dass wir Gott doch bräuchten. Der Mensch bleibt für uns ein Geheimnis.

Aber all das zeigt, dass für den Menschen die Bürde der Verantwortung steigt, je mehr Fortschritte er macht. Denn jeder *menschliche* Fortschritt ist eine Forde-

---

[7] Es ist nicht als, ob wir die vorhergehende Themen, wie Verantwortung und Mitverantwortung, von dem Ethischen trennen wollen, sondern aus dem Grund der Zusammenfassung von dem, was das Ethische im Allgemeinen betrifft.

rung zur Verantwortung. Er steht immer deutlicher vor dem Geheimnis seines Menschseins. D. h. der Mensch ist auf den anderen Menschen angewiesen und kann sich von dieser Bindung nicht befreien. Er kann sich auch von der dazugehörigen Verantwortung nicht entpflichten, wenn er sich nicht zerstören möchte. Anders gesagt, niemand kann ihn von der Verantwortung des Dialoges zwischen ihm und anderen Menschen, sowie zwischen ihm und der Natur befreien, weil die Notwendigkeit des Dialoges mit seinem Dasein verbunden ist. Das Dialogische bleibt eine Grundlage, die wir in keiner Ebene unseres menschlichen Austausches umgehen können, wenn wir das Menschliche selber nicht zerstören wollen. Es ist eine Ur-Aufforderung der Menschheit.

Aber es muss sofort darauf hingewiesen werden, dass das Dialogische als eine grundlegende Aufforderung der menschlichen Beziehung keine Bedrohung menschlicher Freiheit ist. Es ist nicht als ob man in jedem Augenblick nur fähig zu einer bestimmten Form der Begegnung programmiert wäre. Vielmehr ist der Mensch durch den Dialog frei zu seiner eigenen Fähigkeit berufen. Anders gesagt: Die Aufforderung zum dialogischen Austausch ist eine Berufung zur freien Antwort und zur freien Verantwortung für den, zu dem ich im Augenblick in Beziehung stehe. Ich habe die Möglichkeit innerhalb meiner eigenen Situation Dinge zu erkennen, die ihn angehen und darüber zu entscheiden. Aber eine solche Entscheidung, obwohl aus eigener Möglichkeit und Situation kommend, betrifft auch direkt oder indirekt den anderen Menschen. D. h. meine Entscheidung muss den Raum fürs mitmenschliche Zusammenleben im Sinne des dialogischen Austausches berücksichtigen.

Das bringt uns zur Frage des rechten Handelns und Verhaltens – des Ethischen. Sie ist mit der Frage des gerechten Verhaltens in der Gegenwart des Gegenübers verbunden, das mich durch seine Anwesenheit mich im Gewissen anspricht. Durch seine Anwesenheit fordert das Gegenüber mich auf ihn zu beachten. Es geht nicht bloß um die Beachtung von vorgeschriebenen Regeln oder Gesetzen, sondern darum, dass ich auf den innerlichen Anruf seiner Anwesenheit antworte. Meine gerechte Antwort auf seine Anwesenheit gleicht einer dialogischen Begegnung und die Vollziehung des gerechten Handelns.

Das Gewissen ist in diesem Zusammenhang nur in Verbindung mit der einzelnen Person von Bedeutung, da nur die einzelne Person in Wirklichkeit ein echtes Gewissen haben kann. Durch die Begegnung mit dem Anderen erwacht mein Gewissen, das mich zu mir selbst als einem Menschen zurückführt, der betroffen ist. Es ist nicht von Ungefähr, dass Lévinas sagt: Das Antlitz des Anderen fordert mich zur Verantwortung. Man kann es noch gründlicher ausdrücken: Die Präsenz meines Gegenübers ruft mich zum *Ur-Imperativ*: „Du sollst nicht töten!" Die Verantwortung für den Anderen ist somit verbunden mit dem Gewissen. Von ihm als Mitmenschen ergeht der Aufruf zur Antwort an mein Gewissen. Aber dieser Aufruf bleibt immer eine freie Einladung, die man verweigern oder annehmen kann. Der Aufruf negiert nicht unsere Freiheit, sondern er ist mit ihr verbunden.

Das Gegenüber ist ein Wachrufer meines Gewissens. Darum ist der Referenzpunkt des gerechten Handelns und Verhaltens mit der Realität der Begegnung und des Dialoges zwischen den Menschen verbunden. Der Andere im Dialog mit mir ist ein 'lebendes Sollen'. Er ist zugleich Wert und Wertträger.

Das Gegenteil des wirklich ethischen Verhaltens kommt zum Vorschein in der willkürlichen Handlung und Haltung, die keine Rücksicht auf den anderen Menschen als Mitmenschen nimmt. Der gegenüberstehende Mensch wird versachlicht, zweckentfremdet und zu einer Nummer in der Masse gemacht. Das Urteilskriterium ist nur nach der Vorlage angeordnet, die eine zweckmäßige Folge bewirkt. Und das Verhängnis ist, dass es keine Möglichkeit mehr zum Dialog gibt. Das Gegenüber wird zum Objekt des Gebrauchens, des Zwecks gesehen. Es ist nicht mehr der ethische Wille, der hier am Werk ist, sondern die Willkür. Die Freiheit wird ausgespielt: Buber beschreibt es *ad rem*: „Der willkürliche Mensch glaubt nicht und begegnet nicht...; er kennt nur die fieberige Welt da draußen und seine fieberige Lust, sie zu gebrauchen.... Wenn er Du sagt, meint er: ‚Du mein Gebrauchenkönnen'; und was er seine Bestimmung nennt, ist nur Ausstattung und Sanktion seines Gebrauchenkönnens.... Er hat keinen großen Willen; nur die Willkür, die er dafür ausgibt. Ganz unfähig ist er zum Opfer.... Er greift fortwährend ein, und zwar zu dem Zweck..." (Buber 1992, 62f).

Das rechte Handeln und Verhalten im dialogischen Sinne lässt sich also wie folgt zusammenfassen:

Der Mensch erreicht das Gute, indem er persönlich seinem Gegenüber mit seinem ganzen Wesen antwortet. Dadurch wird er in seiner Tiefe angesprochen, die Verantwortung für sein Gegenüber zu tragen. Das rechte Handeln und Verhalten auf der dialogischen Basis ist eine Aufforderung zur Verantwortung für den Mitmenschen. Und diese Verantwortung ist mit konkreten Antworten zum Leben verbunden, nicht mit Hypothesen oder Gedachtem. Das heißt, jeder konkrete Aspekt des Lebens in der Welt, der uns im eigenen Schicksal begegnet, liegt im Bereich der Verantwortung. Das verlangt, dass der Aufmerkende mit jedem konkreten Vorgang im Leben in dialogischer Verbindung bleibt. Indem er sich mit seinem ganzen Wesen an das Gegenüber wendet, *antwortet* er dem *Wort* des Gegenübers, und dabei trägt er die *Verantwortung*. So entsteht auf Dauer ein echter Dialog.

Wort, das uns zur ethischen Antwort auffordert, ergeht aus dem alltäglich persönlichen Leben, nicht aus vorherbestimmtem Gedachtem des Selbst, nicht aus Kodizes, Normen oder Gesetzen. Es ergeht aus dem Gegenwärtigen. Die Antwort auf die uns begegnende Lebenssituation bedeutet zugleich eine Verantwortung für das betroffene Gegenüber in der Situation. In jedem Augenblick, in dem wir uns der Forderung einer persönlichen Situation stellen und mit unserem ganzen Wesen antworten, *ver*antworten wir alles, was in diesem Moment geschieht. Es ist wie ein neugeschaffenes Weltkonkretum, das uns anheim gestellt wird, und das wir verantworten müssen. Die Lebenssituation ist wechselhaft, aber die Grundlage des rechten Handelns und Verhaltens im Dialog ist bleibend: die mitmenschliche Beziehung. Sie ist also *nicht* als situationsbedingt zu bezeichnen oder zu begrenzen, auch wenn die mitmenschliche Beziehung mit jeder Situation erneut verlangt wird.

Das Dialogische lehnt nicht die Gesetze, Gebote, Normen usw. als ethische Elemente ab. Sie sind nur in einzelnen Situationen als Hilfe da. Jede Situation ist ein neuer Anlass zur Begegnung, die nie etwas Fertiges ist. Sie bedarf neuer Antwort und Verantwortung. Jede übernommene Verantwortung im rechten Handeln und Verhalten hat das Gute als Ziel. Das konkrete Leben, das mich zum Guten führt ist das Leben der Verantwortung für mich und für den mir gegenüberstehenden Menschen durch das rechte Handeln und Verhalten. Aber das Gute ist hier sicher nicht nach den vorbestimmten und ausgedachten Kategorien außerhalb dem konkreten Leben zu definieren. Die Frage nach der Bedeutung des Guten (und Bösen) und den sich darauf beziehenden Fragen in der dialogischen Begegnung möchten wir nachgehen.

a) Das Gute und Böse im Menschen?

Wir haben versucht das Ethische als das rechte Handeln in bezug auf die Verantwortung für den Begegnenden, als grundlegend im Dialog zu artikulieren. Der Gedankengang stellt schon die traditionelle Meinung in Frage, die das Gute als einen strukturell gleichartigen und unversöhnlichen Gegensatz zum Bösen darstellt. Die Frage, was ist das Gute, was das Böse, muss neu beantwortet werden. Denn in der konkreten Lebenssituation entdecken wir, dass die Aufforderung des Dialoges oder der Auftrag der mitmenschlichen Beziehung zur Verantwortung für den begegnenden Menschen uns keine klare Antwort auf das gibt, was man als nur das Gute oder nur das Böse abgrenzen kann.

Aber die traditionelle Meinung, die das Böse als das Fehlen oder der Mangel erklärt, lässt sich gut vertreten. Das bedeutet, das Böse ist keine konkrete Sache in sich, sondern ein Effekt oder eine Leere, die durch eine Kraft entstanden ist. Das, was da sein soll, fehlt. Die innere menschlichen Kraft, die sich nach außen entfalten oder etwas bewirken soll, lässt den Effekt der Leere hinter, wenn sie sich nicht richtig erfüllt. Verbunden damit ist der innere Regler, der menschliche Wille (*Voluntas*), der die inneren Kräfte zum Ziel ordnet. Er gibt den Seelenerregungen (inneren Kräften) ihren Elan und ihre Richtung und auch ihr Ziel. Sie sollen nach außen adäquat wirken, gemäß der gegebenen Richtung (*Intentio*). Zum Beispiel, die Seelenerregungen für die Beziehung zu den Mitmenschen, das heißt, die Beziehungstriebe, können auch falsch orientiert sein, so dass sie ihr Ziel verfehlen oder sich selbst verflüchtigen. Zum Beispiel, Hass ist unser Ausdruck für einen Beziehungstrieb, der sein Ziel verfehlt. Vom menschlichen Inneren hat er die falsche Richtung und ist nach außen zerstörend. Er bewirkt keine Beziehung, sondern verhindert sie. So entsteht ein Mangel anstatt einer Beziehung. Der Ausdruck Hass als böse betrifft zwei Dinge: erstens, die fehlgeleiteten Beziehungstriebe und zweitens, den Mangel an entsprechender Beziehung.

In jedem Menschen liegt die Möglichkeit die Seelenkräfte (z.B. die Beziehungstriebe) richtig oder fehlerhaft zu leiten. Das Gute ist dann der Ausdruck für die richtig geleiteten Beziehungstriebe. Das heißt, in jedem Menschen ist eine reiche Quelle von Kräften, die sich nach Realisierung sehnen. Sie haben die Möglichkeit sich richtig zu verwirklichen oder ihre Ziele zu verfehlen, oder auszuweichen. An sich gibt es keine bösen Triebe im Menschen, sondern Kräfte, die fehlgeschlagen sind oder verloren gegangen sind. Wie gesagt, nur ihre Effekte sind böse, als Mangel oder Lücken. In manchem Sprachgebrauch ist diese Bedeutung transparent. Zum Beispiel, im biblisch Hebräischen ist der Wortstamm für Sünde oder böser Akt, *Hattah*. Er bedeutet ‚das Ziel verfehlen', ‚fehlgehen', ‚danebenschießen'. Das ist leicht daraus abzuleiten.

Im Zusammenhang mit dem mitmenschlichen Dialog ist die entsprechende Leitung der Beziehungstriebe, als das Gute zu sehen, das dem Menschen in seiner mitmenschlichen Beziehung dient. Es hilft ihm zu seiner Erbauung und zur Erfüllung seines ganzen Daseins als Mensch. Die ganze Person ist hier gemeint, die in der Beziehung zum anderen Menschen steht.

Unser Gedankengang vertritt die Meinung, dass das Gute mit der Erfüllung des Plans der Natur zu tun hat. Das heißt, es hat mit dem Ausführen der *Ur-Intentio* einer Natur zu tun. So ist es schwierig oder unmöglich von einem strukturell gleichartigen und unversöhnlichen

Gegensatz zwischen den Guten und den Bösen zu sprechen. Sie sind zwei Bereiche innerer Kräfte, die wir durch ihre Effekte unterschiedlich bezeichnen. Eine bezeichnen wir nach der gewünschten Ordnung als gut. Die andere erkennen wir nach der unakzeptablen Zerstörung und des Chaos als böse, weil sie ferne vom Ziel liegt. Aber die beiden brauchen nicht im Gegensatz zueinander zu stehen. Im Gegenteil, es macht mehr Sinn, dass die eine der anderen den Anstoß zum richtigen Effekt gibt. Aber es sind nicht die Effekte, die einander ausgleichen, sondern die Kräfte gleichen einander aus. Anders gesagt, in jeder Kraft sind die beiden Potentiale (Gut und Bös) enthalten.

Mehr zu unserem Thema. Die Lebenssituation in einem bestehenden Dialog, in der ich meinem Mitmenschen konkret begegne, steht schon jenseits der Einordnung von Gutem und Bösem als Beschaffenheiten, jenseits dessen, was man als gleichartigen und unversöhnlichen Gegensatz bezeichnen kann. Wäre es anders, würde der Dialog nie zustande kommen. Wir hätten damit nur eine Lage, in der die verschiedenen Kräfte/ Beschaffenheiten sich gegeneinander ausspielen. Es ist hier wichtig darauf hinzuweisen, dass die fachliche Beschreibung dieser Kräfte, ihrer Verschiedenheiten, Beschaffenheiten und Wirken nicht zum Umfang der vorliegenden Arbeit gehört.

Nach unserer neuen Ansicht ist der Kampf gegen das Böse kein äußerer Kampf, sondern ein innerer Kampf der Seele. Der Mensch ist aufgefordert den Seelenkräften die entsprechende Richtung für ihre Erfüllung zu geben und sie zu ergänzenden Trieben hinzuleiten. Denn die Seelentriebe im Menschen sind nicht voneinander getrennte oder entgegengesetzte Kräfte. Sie sind nicht nur Kräfte, durch die man nach außen Effekte erzielen kann. Sie sorgen auch in ihrem ausgleichenden Zusammenwirken für die Stabilität der ganz menschlichen Person – innerlich und äußerlich.

Es stellen sich allerdings ganz andere Fragen: Was ist das Resultat, wenn diese inneren Kräfte sich nicht mehr ergänzen können? Oder ergänzen sie sich immer? Wo steht der Mensch? Was ist er? Wer ist er angesichts des Gegenübers, wenn sich diese Seelentriebe nicht mehr ergänzen können? Oder existiert eine solche Situation nie? In diesem Zusammenhang gibt es zwei Tendenzen: Eine, in der sich die Kräfte zum natürlichen Ziel hinführen lassen, und die andere Tendenz, in der die Kräfte fehlschlagen. Von Natur aus sind beide Tendenzen dem Menschen gegeben als zwei zusammenwirkende Diener. Sie sind notwendige Pole, die den inneren Zustand der menschlichen Bereitschaft mitbestimmen. Mahatma Gandhi unterstützt diese Idee: „Gottes Hand ist hinter dem Guten, aber [...] ebenso hinter dem Übel. Gut und Übel ist unsere eigene unvollkommene Sprache. Gott steht über Gut und Übel [...] Es (das Übel) hat für sich kein eigenständiges Dasein, sondern ist nur das Wahre und Gute am falschen Ort" (Gandhi 1994, 86).

Das Böse ist nicht innerlich, weil es kein eigenständiges Dasein hat. Aber der Kampf gegen das Böse, in unserem dialogischen Sinne, kann nur innerlich sein, weil es um die Frage geht, wie man die Seelenkräfte zum

Guten lenken kann. So setzt sich der Mensch in seiner Seele mit dem Bösen auseinander, indem er sich vorher fragt oder sich damit beschäftigt, was für einen Effekt eine Kraft bewirken kann. Es geht nicht darum den „bösen" Trieb im Menschen auszulöschen. Denn es gibt keinen bösen Trieb. Es geht darum, die verschiedenen Seelenkräfte zusammenzuspannen. Das, was wir oft „das Böse" bezeichnen, ist die ziellose Dynamik unserer Leidenschaft als Menschen, die wir, kraft unseres Entscheidungswillens zum guten Dienst gelenkt werden kann. Die Dimension des Bösen tritt schon ein, indem der Mensch ohne das entsprechende Ziel entscheidet. Zum Beispiel, den gegenüberstehenden Menschen als eine Sache zum Ausnützen zu behandeln ist schon böse, weil es das Hauptziel des Daseins des Menschen verfehlt (vgl. Buber).

Buber meint: Das Böse kann man nicht schlechtweg als *irgendetwas* Konkretes darstellen (vgl. Buber 1962, 612). Es ist ein Hindernis, wenn es den Menschen nicht zur Verwirklichung seiner Ganzheit im Guten führt. Es kann aber auch eine Vorstufe zum Guten sein. Als einen Vorgang kann man den Trieb des Bösen in zwei Stadien konzipieren: erstens als einen chaotischen Zustand in der einzelnen Seele, als Richtungslosigkeit der Leidenschaft. Das zweite Stadium ist die Radikalisierung des ersten. Hier bleibt der Mensch in der Richtungslosigkeit und Entscheidungslosigkeit der Leidenschaft hängen und fixiert diese als definitiven Zustand, so dass er nicht mehr auf das Gute zurückblickt. Auf die Dauer bestätigt er in seiner Person diesen chaotischen Zustand als erträglich und akzeptabel. Dies nennt Buber das radikale Böse (vgl. ebd. 648). Die Radikalität des Bösen liegt darin, dass der Mensch sich die Rückkehr zum Guten nicht wünscht. Er sperrt sich in den chaotischen Zustand der Richtungslosigkeit und Entscheidungslosigkeit ein, der ihn an der Verwirklichung persönlicher Ganzheit hindert. So ist er vom Dialog mit sich selbst und von der konkreten Wirklichkeit ausgeschlossen. Er kann daher auch sein Dasein als Mensch nicht voll realisieren, weil das Gute nur mit dem ganzen Wesen - mit der ganzen Seele - getan werden kann. Die Radikalität des Bösen impliziert: Der Mensch „begeht mit seinem Dasein die Lüge am Sein" (ebd. 633). Er betrügt sich um die Wirklichkeit seines Menschseins.

Damit ist also die Frage, ob der Mensch im Wesentlichen gut oder böse ist, hinfällig. Die bisherigen Ausführungen gegen die traditionell pessimistische Lehre von der Boshaftigkeit des Menschen sind eindeutig: Indem der Mensch als ein Zentrum aller Möglichkeiten innerlich unbegrenzt, äußerlich jedoch begrenzt ist und indem die Arten und Ausmaße seiner Taten unvorhersehbar sind, ist er *weder gut noch böse*. Er steht jenseits der beiden, insofern er die Quelle der Kräfte zum Guten und Bösen in sich hat. Aber er ist dem Guten und dem Bösen als Resultaten seines Lenkens von den ihm innewohnenden Seelenkräften unterworfen. Der Mensch ist das Verzauberungszentrum aller Geschehnisse.

Unserem Gedankengang über das Gute und Böse schließt sich das Thema der Wahrheit an.

b) Die Wahrheit des Menschlichen im Begegnenden

Es gibt eine existentielle Verbindung zwischen der Grundbedeutung des Guten und Bösen und der Wahrheit. Im Allgemeinen sind die Ausdrücke Wahrheit und Lüge die Bezeichnungen der *Beziehung* der Seele zu den Seelenkräften in der Verwirklichung ihrer natürlichen Ziele als gelungene (Gute) oder fehlgeschlagene (Böse). Es ist hier wichtig, zu bemerken, dass wir uns unter dem Dialogischen nicht auf die traditionell scholastische Definition der Wahrheit als die „Übereinstimmung des Denkens mit seinem Gegenstand" (*Veritas est adaequatio mentis et rei*) berufen. Hier geht es um die existentielle Wahrhaftigkeit; es geht um die ethische Empfindung der Seele, nicht um die gegenständliche Wahrheit oder Falschheit der äußeren Dinge. Es ist die Seele selber, die sich an der Wahrheit oder der Lüge ansteckt. Wahrheit und Lüge wie ihre Korrelate (Gut und Böse) sind auch nicht als polare Gegensätze zu sehen. Die Seele spricht zu sich selber. Niemand schreibt ihr die Wahrheit und Lüge vor. Man trifft sie im eigenen Leben, in der eigenen Seele, in eigener Ganzheit als einem Menschen.

Im Dialog bedeutet Unwahrheit nicht schlicht der Mangel einer logischen Übereinstimmung von Geist und Sache, sondern eine Verstellung, ein Fehlschlag, Fehlgang innerer Kraft menschlicher Seele für die gänzliche Begegnung. Sie ist ein Ausweichen und Verstellen des natürlich inneren Lebens der Menschenseele. Der Mensch ist verfremdet von dem, was er ist. Er verstellt sich in seiner Beziehung zu sich selbst und zu anderen Menschen, zur Weltwirklichkeit, zum Göttlichen. Es ist, als ob man einen Lebensvertrag verletzt. Es ist, als ob das Dasein der gegenübertretenden Außenwelt mir innerlich zur Authentizität befiehl. Denn im Gegenübertreten vor den Anderen tritt ein unausgesprochener Befehl in Kraft, nämlich, ich muss hervortreten, wie ich *bin*, in meinem ganzen Dasein, wie mein Sein mich darbietet, ohne mich vor dem Gegenüber zu entschuldigen oder verstecken.

In dialogischer Beziehung geht es mehr um das *Wahrsein* als um das *logische Vorbringen*. Denn, wir wissen, aus eigener Erfahrung, dass die logische Übereinstimmung allein oft der ganzen Situation nicht entsprechen kann. Das Wahrsein des Dialoges hat mit dem ganzen Menschen zu tun, Seele und Körper, vor dem Gegenüber. Es hat nicht nur mit dem, was er denkt zu tun, sondern auch mit dem, was er fühlt. Das heißt, es hat mit seinem ganzen Dasein zu tun. Anders gesagt: ich muss durch mein eigenes Dasein das Sein meines Gegenübers aufwerten und bejahen. Ich muss in meiner eigenen Situation so Mensch sein, wie es mir in dieser konkreten Situation möglich sein kann. Und jede Verstellung von dem was ist, anders als es sein soll, ist in sich eine Verletzung. Buber nennt es die „Lüge am Sein" und sie stört die Weltordnung. Durch sie ergibt man sich dem Nichtsein und der Scheinexistenz.

In der menschlichen Begegnung gibt es zwei Möglichkeiten dem Begegnenden entgegen zu kommen. Die erste hat mit den persönlichen, mitmenschlichen, spontanen Handlungen zu tun. Sie ist nicht beeinflusst von den eigenen Ideen des Selbst oder Ego, um auf die anderen einzuwirken und sie zu bewegen. Man zeigt sich dem Anderen, eben wie man wirklich ist. Die zweite Möglichkeit ist das Gegenteil: Sie hat mit der Wirkung des eigenen Selbstbildes und dem Erscheinen vor den Augen der anderen Menschen zu tun. In diesem Fall hat der Mensch mehr oder weniger die Fähigkeit, ein bestimmtes Element des Seins so zu präsentieren, dass diese Präsentation eine spontane Äußerung bewirkt. So wird ein *Schein* des persönlichen Lebens bewirkt. Hier zeigt sich die menschliche Existenz durch trügerische Masken. Der Mensch zeigt sich anders als er in Wirklichkeit ist.

5. Das *Ur-Du* und der Urdialog

Im Rückblick ist es hilfreich unsere zwei durchlaufenden allgemeinen Grundthesen darzustellen: a) das Wesentliche im sozialen Leben ist das Mitmensch-sein für den Anderen und b) der Mensch ist wesentlich ein dialogisches Wesen. Beide Thesen leugnen aber nicht die praktische Tatsache der Unbeständigkeit des dialogischen Lebens des Menschen. Ganz im Gegenteil deuten sie zur existierenden Spur des Dialogischen hin, auch wenn sie im praktischen Sinne begrenzt ist. Das heißt, die Sehnsucht nach der Begegnung bleibt, auch wenn sie nicht definitiv erfüllt ist. Sie ist ein indirekter Hinweis in der konstanten Tendenz eines normalen Menschen sich mit dem Anderen hin und wieder zusammen zu finden. Das deutet auch auf eine ursprüngliche Gegebenheit in jedem Menschen hin: Es muss ein Schöpfer-Du geben, das in ihm von Anfang an diese Sehnsucht zu anderen Menschen und Wesen gibt und selbst ihn durch seine innere Anziehungskraft und Orientierung in der Beziehung hält.

Der Einwand, der Mensch führe aus eigener Kraft die Beziehung und den Dialog, ist nicht das Problem. Aus Erfahrung wissen wir, dass der Mensch von sich aus die Beständigkeit in der Beziehung und im Dialog nicht sichern kann. Wir wissen auch, dass in jeder dialogischen Beziehung die Gefahr besteht, dass der Mensch seinen Mitmenschen zu einem Ding macht. D.h., das Gegenüber steht immer in der Gefahr verdinglicht zu werden, auch wenn in manchen Fällen solches Verdinglichen nur vorübergehend ist. So stellen sich immer die

Fragen: Warum tendiert der Mensch noch zur Zuneigung, trotz der Enttäuschungen? Was zieht ihn weiter an? Warum sucht er immer wieder Verborgenheit bei den Menschen, wenn er weis, dass er dabei keine Vollkommenheit erreichen wird? Gibt es nicht ein Wesen, das er vor Augen hat, auch wenn alles zerbricht? Buber gibt den folgenden Hinweis: Die latente Neigung des Menschen sein Gegenüber immer wieder als Du zurückzugewinnen, trotz solcher Verdinglichung, ist ein Zeichen eines Haltes, den er aus sich selber nicht geben kann. Es deutet auf einen Ur-Grund hin, der ihn zum Dialog hinzieht trotz der Unbeständigkeit in der Beziehung zum anderen Menschen. Buber nennt diesen Ur-Grund das *ewige Du* - ein Du, das immer ein Du bleibt, das jenseits aller Verdinglichung besteht.

Dieser jenseitige Ur-Grund ist die Basis, die mich zu unendlich erfüllender Beziehung anlockt. Er muss auch der Ursprung aller anderen Beziehungen sein, soweit diese sich nach höchster Erfüllung sehnen, die nie vergeht. Er gibt nicht nur eine Orientierung wie bei Buber. Er ist selber der Ur-Partner, der diese höchste erfüllte Beziehung ist und darstellt. Gabriel Marcels Idee *Plenitudo (Vollsein) aller Wesen*, in dem die höchste Erfüllung der mitmenschlichen Beziehung oder Kommunion geschieht, unterstützt diese Meinung. Das heißt, unsere mitmenschliche Beziehung erreicht ihre Fülle in dem Vollsein aller Wesen - in Gott. Der Mitmensch mit dem ich in Beziehung stehe, hat in sich den Funken des *Ur-Partners/Ur-Du* (Gott). Eine Beziehung mit ihm findet also statt auf Grund des Ur-Du, das im Menschen den

Funken des Dialoges zündet. Malcolm Diamond zieht einen treffenden Vergleich: Es ist wie die Sonne, die zugleich das sichtbarste Objekt und die Quelle der Illumination aller anderen Objekte ist, so ist *das unveränderliche Ur-Du* zugleich der höchste Partner im Dialog und die allumfassende Grundkraft und Quelle aller einzelnen dialogischen Beziehungen und Begegnungen. Denn jede Begegnung oder wirkliche Beziehung ist eine Teilnahme an der Kommunion mit dem Ur-Du. Es geht nicht darum, welchen Namen ich dem *unaufhörlichen Ur-Partner* gebe. Er ist der Ursprung und die Quelle anderer Beziehungen. Er ist das allumfassende Ziel meines ganzen Wesens in der Begegnung mit den Mitmenschen.

Aber es bleibt die Grundfrage, auf welche Weise wir ursprünglich den Funken des unaufhörlichen Ur-Partners in uns bekommen haben. Durch den Schöpfungsakt? Wodurch erkennen wir es? Oder ist es nur durch reine Intuition erkennbar? Offensichtlich führt unser Denksystem zur theologischen Richtung – zum Glauben an einen Gott oder Schöpfer, der ein unveränderlicher und höchster Partner ist. Das bedeutet, dass die Lehre der mitmenschlichen Beziehung in unserem Sinne nur für diejenigen akzeptabel sein kann, die Gott als den Urgrund und das Ziel allen Seins sehen. Aber die Frage ist: Hat solche Lehre für diejenigen, die keine Schöpfungsgeschichte akzeptieren einen Sinn? Wie können wir diese Begegnung mit dem immer bleibenden Partner (Gott) als die *höchste Begegnung* erklären? Wie die Tatsache der echt mitmenschlichen Beziehung sich sehr wenig rational erklären lässt, so lässt sich auch die Tatsache der *Spur des Ur-Du* in jedem Menschen wenig erklären. Sie weckt in uns die Ehrfurcht für das Mysterium der Spur des Ur-Du in uns, mehr als die Suche nach ihrer rationalen Erklärung. Diese Spur zeigt sich im Ausgleichsprinzip, indem die Menschen einander begegnen, sich austauschen und ergänzen, im Dialog bleiben, in der Liebe verharren, usw.

Dialogphilosophen gehen unterschiedliche Wege um die Spur des ewigen Du zu entdecken und zu beschreiben. Buber spricht von der Ausschließlichkeit und Einschließlichkeit in der Ich-Du-Beziehung. Für ihn ist jede Ich-Du-Beziehung ausschließlich, und diese zeigt eine Einzigartigkeit des betroffenen Menschen (auch der Natur). Das heißt, die Ausschließlichkeit der Ich-Du-Beziehung zeigt die Einmaligkeit jedes Menschen, weist aber auch auf den Reichtum der Gemeinschaft mit anderen Menschen hin. In der Ich-Es-Beziehung dagegen wandelt sich diese Ausschließlichkeit des Anderen zur Trennung und Ausschließung anderer Menschen. Buber meint, dass in der Beziehung zum ewigen Du die unbedingte Ausschließlichkeit und unbedingte Einschließlichkeit eins sind. Das heißt, die Ich-Du-Beziehung ist nicht mehr der Ort, an dem nur der einzelne Menschen betroffen ist, sondern ein Ort der Offenheit, an dem alle anderen Menschen eingeschlossen und im Du zu sehen sind (vgl. Buber 1992, 80).

Im Allgemeinen gesagt, begegnen wir dem ewigen Du durch die echte antwortende und verantwortende Beziehung zur Welt. Denn als unser ewiger Partner ist er unmittelbar gegenwärtig. Er ist ein Partner im Gespräch, nicht Objekt unserer Aussage und Projektion. Der Gott der Ich-Du-Begegnung ist nicht der Gott, der die Welt verlassen hat (vgl. Deismus), so dass wir seine Spur nicht finden können. Genau so ist die Welt unserer Begegnung, die, in der wir aktiv leben und nicht die, der gedanklichen Abbildung und Projektionen von Philosophie und Theologie.

Obwohl wir im Diskurs nicht von Konzepten loskommen können, wie bereits oben in der Diskussion angedeutet worden ist, machen viele Hinweise doch verständlich, dass Gott ein persönlicher Partner ist und kein Produkt unserer Konzeption und unseres Denkens. Ein Beispiel des Gegenteils ist Kants Gott. Er ist ein gutes Beispiel vom Gott der Philosophen und Theologen. Für ihn ist „Gott nicht ein Wesen außer mir, sondern bloß ein Gedanke in mir"; „Der Gedanke von ihm ist zugleich der Glaube an ihn und seine Persönlichkeit"; Gott ist „bloß ein moralisches Verhältnis in mir" (Kant zitiert von Buber 1962, 540f). Für uns dagegen steht der ewige Partner jenseits der Vorgänge, Prozesse und Konzeptionen und gegenständlichen Darstellungen. Er steht jenseits dessen, was ich mir ausdenken kann.

Unsere Gedanken, Aussagen und unser Sprechen über Gott als den ewigen Partner, wie bei Mitmenschen, vermitteln sehr wenig das, was Gott ist. Es ist wie beim Versuch das Meer in einer Tasse zu fassen. So lässt sich in den folgenden Punkten unsere Meinung zusammenfassen:

a) Das Sprechen über Gott gleicht nicht dem, was Gott ist;

b) Der Gott der Rede ist nicht mehr der Gott zu dem ich in persönlicher Beziehung stehe, der mein Du und Partner ist;
c) Die Sphäre der Beschreibung des Göttlichen verletzt und verlässt den Bereich der Begegnung mit dem Göttlichen;
d) Der theologische und philosophische Gott ist der theoretische Gott und nicht unbedingt der Gott der Beziehung oder Begegnung oder der Gott der Religiosität.

Zurück zur aufdrängenden Frage: Kann man dann überhaupt Gott denken? Bereits oben haben wir die Notwendigkeit des Unterschieds zwischen dem konzipierten Gott der Denker und dem persönlichen Gott des religiösen Menschen bemerkt. Um diese Frage gründlicher zu beantworten, muss man zwischen der Religiosität und der theologischen Objektivierung des Religiösen unterscheiden. Das Religiöse hat mit dem Dasein in der Präsenz des Ewigen zu tun. Es hat mit der vollen Hinwendung des eigenen gelebten Lebens zum Anderen zu tun. Es ist nicht das, was man voraussehen, vordenken, vorschreiben kann. Das Reich des Religiösen ist mehr das Reich der *Kommunion* mit dem ewigen, Partner als das Reich des Erkennens.

Im Zusammenhang mit Bubers Denken ist es unmöglich, in der philosophischen Denkweise über Gott zu sprechen. Denn jede philosophische Thematisierung ist zugleich eine Objektivierung, und durch Objektivierung verlässt die Philosophie das Milieu des Göttlichen. Denn indem ich Gott zu einem Objekt mache, ist er kein Du, kein Partner mehr. Er wird nur eine Sache meiner

Betrachtung. Die Philosophie in ihrem Sprechen kann nur auf Gott als ein Objekt hinweisen. Aber sie bringt uns nicht zur Beziehung mit ihm.

Es ist darauf hinzuweisen, dass das Denken nicht zwangläufig die Verdinglichung und Objektivierung des Gegenübers bedeutet. Denn das würde bedeuten, dass unser Denken einen aktiven Einfluss auf den wesentlichen Zustand des Gegenübers hätte. Aber ein Wesen bleibt was es ist, egal was wir von ihm denken. Meine Stellung als ein Erfahrender kann nicht den Charakter des Gedachten notwendig beeinflussen. Sein Existenzmodus bleibt unverändert trotz meines Denkens. Das Argument der Objektivierung des Gedachten kann also nur aus einer idealistischen Perspektive entstehen, die im Objekt nur das Produkt des Denkens sieht. Diese Perspektive verwechselt gegenständlichen Inhalt mit dem Gedachten. Aber hier darf nicht vergessen werden, dass es um die Beziehung mit dem Gegenüber geht. Jede Konzeption, jede Erkenntnisform, die mir das Gegenüber konzeptuell vermittelt, verändert zwar das Gegenüber nicht grundsätzlich, aber sie beeinflusst wesentlich mein Verhalten in der Beziehung zum Gegenüber. Damit wird die Begegnung durch Vorurteile und konzeptuelle Abbildungen beschränkt und die echt gegenwärtige Berührung der Begegnenden verhindert.

Beim Religiösen geht es also um die persönliche Begegnung mit dem Gegenüber (Gott), das sich nicht mehr auf einen Begriff reduzieren lässt. Es geht hier um die Frage des Dialoges mit dem Ur-Du, mit Gott, und nicht um philosophische Untersuchung, auch wenn man

Philosophie nicht nur als eine unpersönliche Tätigkeit verstehen kann. Philosophische Wahrheiten haben auch persönliche Kerne. Die Verbindung lässt sich so ausdrücken: das gedankliche Ergreifen beinhaltet zugleich ein persönliches Ergriffensein, das den Menschen 'ergreift' (berührt). Die Richtungen trennen sich manchmal deutlicher voneinander: z.B. Von-Gott-Sprechen ist etwas anderes als Zu-Gott-Sprechen. Das erste zeigt Gott als ein ‚Er', ein Objekt, das der Philosophie und Theologie als Wissenschaften dient; das zweite zeigt Gott als ein ‚Du', einen Partner, dem man sich zuwenden kann, und dieses dient dem Religiösen und der persönlichen Religiosität. Das bedeutet, dass das wirklich dialogische Sprechen von Gott eine Beziehung zu ihm fordert. Und eine solche Beziehung kann man nur durch das wirklich mitmenschliche Verhältnis erreichen.

Vielleicht ist das nicht fern vom tiefen Sinn aller Gemeinschaft, dass die mitmenschliche Beziehung oder der Dialog zum Weg der Beziehung zu Gott führt. Denn im Dialog ist der einzelne Mensch nicht mehr allein. Alle, die Gott als einen Partner oder ein Du annehmen, sind einbezogen. Aber dies bedeutet nicht, dass Gott durch das Ich-Du-Verhältnis entsteht. Im Gegenteil, die echte Gemeinschaft der Menschen entsteht durch unsere Beziehung zu Gott als Ur-Du, der uns ursprünglich die Sehnsucht nach der Begegnung und dem Dialog eingegeben hat.

II

VERANTWORTUNG IM DIALOG IST MEHR ALS RECHENSCHAFT

Der wichtigste Beweis des Fortschritt menschlicher Zivilisation liegt vielleicht nicht so sehr in der Entschlüsselung und Nutzung der Quelle seiner Umwelt (materiellen und spirituellen), sondern vielmehr in der Entwicklung des Verantwortungsbewusstseins des Menschen, die der Freilegung und Nutzung der Kräfte der Natur entspricht. Da seine Intelligenz nur ein winziger Teil gegenüber den Kräften der Natur ist, besteht immer die Gefahr, dass er vor unkontrolliert freigelassenen Kräften steht, die er nicht bewältigen kann. Die Vernunft der Zivilisation besteht mehr in der Vernunft der Verantwortung die Güter der Natur mit anderen Menschen zu teilen und nutzen als die der unkontrollierten Freilegung und Ausnutzung der Kräfte der Umwelt. Wenn dies stimmt, liegt der Maßstab menschlicher Zivilisation im Niveau der Entwicklung menschlicher Sensibilität für das Leben und die Schöpfung, oder menschlicher Sensibilität überhaupt. Das bedeutet auch, dass die Erweiterung des Horizonts der Technologie ohne die Verantwortung dafür, längst kein Fortschritt in der Zivilisation ist. Die Entwicklung der menschlichen Gabe der Technik bleibt minderwertiger als die Entwicklung der menschlichen Sensibilität für das Leben in all seinen Formen. Diese Überlegung ist wichtig, weil es nicht mehr nur um den Menschen allein geht, sondern auch um seine Umwelt. Es geht um seine Rücksichtnahme in der Beziehung zur Natur und den Mitmenschen. Solche Rücksichtnahme kommt ihm auf lange Sicht wiederum zu gute. Jede Form der Rücksichtnahme schafft eine Atmosphäre für den Austausch und Dialog mit dem Gegenüber (mit dem Menschen oder der Natur). Der Dialog ist mit der Verantwortung in allen Aspekten des menschlichen Lebens verbunden: Religion, Ethik, Politik, Wirtschaft, Wissenschaft u.s.w.

In unserer Zeit gibt es einige Denker, die uns zu diesem Verantwortungsbewusstsein hinführen. Emmanuel Lévinas mit seinem philosophischen Denken, wie wir oben ein wenig gesehen haben, gehört zu dieser neuen Bewegung. Sein Ausgangspunkt in diesem Zusammenhang bedeutet, dass die Annäherung des Anderen mich zur Verantwortung für ihn auffordert. In diesem Teil der vorliegenden Arbeit werden wir uns seinen Gedanken und denen von ähnlichen Denkern als Anregungspunkte im Diskurs der Frage der Verantwortung zur Förderung des Dialogischen stellen.

1. Verantwortung als die Grundlage des Dialoges

Oft wird das Thema *Verantwortung* zur allgemein ethischen Diskussion angeboten. Aber leider wird das Thema oft so sehr abstrahiert und professionalisiert, dass die praktischen Aufforderungen zu menschlicher Begegnung nicht mehr richtig wahrgenommen werden. Die Aufforderungen zur praktischen Verantwortung werden so sehr thematisiert, dass sie im Endeffekt in die Ecke gedrängt werden, weil sie das persönliche Leben nicht mehr ansprechen. Aber unser Thema hat mit der Verantwortung im konkret menschlichen Leben zu tun. Verantwortung im Dialog hat direkt mit dem gegenüberstehenden Menschen, dem Begegnenden, zu tun und nur indirekt mit dem fachlich reflektierten Grundprinzip der Begegnung. Es geht auch wenig um den Akt des Treffens, den man üblicherweise immer auf Wesen und Ziel der Begegnung reduziert. Der Begegnende ist das Wesen der Begegnung und nicht der Akt des Treffens. Bei der Verantwortung im Dialog handelt es sich um die Sorge um den gegenüberstehenden Menschen. Das Dasein des Begegnenden bestimmt die Regel. Das heißt, indem der Begegnende zum Grundprinzip gemacht wird, kommt auch seine Betroffenheit in den Vordergrund. Seine Betroffenheit lässt mich als einen Mitmenschen mit Körper und Seele nicht in Ruhe. Sie fordert von mir Verantwortung. Normalerweise geht die Verantwortungsempfindung jeder „*gesunden Menschenseele*" angesichts des betroffenen Menschen auf. Denn seine Betroffenheit geht auch mich als einen Mitmenschen an.

Die Verantwortung hier ist nicht als die rechenschaftsbezogene Verantwortung gemeint, sondern Verantwortung als Antwort, die aus der Betroffenheit entsteht, weil mein Gegenüber als mein Mitmensch betroffen ist. Anders ausgedrückt: es ist meine Betroffenheit in der Begegnung mit anderen Menschen, die mich zur wirklichen Verantwortung ruft. Man kann auch Rechenschaft ablegen, ohne sich betroffen zu fühlen, ohne den Geist der Verantwortung zu haben. Die Rechenschaftsablegung garantiert keine verantwortliche Antwort auf die Begegnung. Die Rechenschaft sagt nicht unbedingt etwas über die mitmenschliche *Sensibilität* aus. Aber die Aufforderung zur Begegnung ist nicht das, was ich mir ausdenken kann. Sie wird durch das Auftreten des Begegnenden bestimmt. Diese Gedanken finden Bestätigung in der Denkrichtung Emmanuel Lévinas' (vgl. Lévinas 1961).

Die Berührung mit dem Anderen geht allem voraus. Diese Berührung lässt den Menschen nicht in Ruhe. Er ist zu der Berührung erwählt und seine Erwählung bedeutet seine Verantwortlichkeit für den Mitmenschen. Die Verantwortung für den Anderen ist etwas Ethisches und etwas Dialogisches. Sie ist die Aufforderung zur Begegnung, die nicht auf vorgegebene Normen, Regeln oder Gesetze begrenzt ist. Die Verantwortung, die aus Begegnung entsteht und mit dem Dialog verbunden ist, kann man dafür vorbereiten aber nicht vorherplanen. Verantwortung als meine Antwort aus meinem Betroffensein ist nur begegnungsbedingt. Der Reichtum jeder Begegnung ist ein Überraschungspaket. Darin ist die

Betroffenheit oder Ergriffenheit versteckt. Aus ihr folgt gelebte mitmenschliche Verantwortung als Antwort. Die Folge eines erlebten Austausches oder Dialoges bei einer wirklichen Begegnung ist Mitverantwortung. Denn das Gegenüber wird durch den erlebten Dialog zu einem Mitstreiter und nicht zu einem Zuschauer.

Es ist nicht die Ansicht der vorliegenden Arbeit die traditionelle Verbindung der Verantwortung mit der planmäßigen Haltung der Fürsorge oder gesetzlich geregelten Rechtordnung zu negieren. Ziel ist es die Aufmerksamkeit auf die grundlegende Sensibilität zu lenken, die der Verantwortung ihre konkret menschennahe Bedeutung gibt. Es ist ein Versuch zum gegenüberstehenden Menschen, als einem Mitmenschen zurückzukehren, der jetzt vor mir steht und *ruft*. Er wartet nicht auf irgendeine Ordnung, Regel oder irgendein Gesetz, sondern er sehnt sich nach Begegnung, auch wenn er es nicht sagt oder wenn es ihm nicht klar bewusst ist. Er (der begegnende Menschen) öffnet mir die Tür zum Menschsein, ohne idealistische Bedingungen, auch wenn es mir nicht bewusst ist. Wir, er und ich, stehen jenseits vorbestimmter Bedingungen, jenseits der Definitionen. Im Augenblick stehen wir als Mitmenschen jenseits all dessen, was es gibt, was man sich ausdenken kann. Es ist als ob die ganze Welt im Augenblick auf uns warten muss.

Eine Beziehung entsteht durch die Erwiderung des Erlebten in der Begegnung. Sie entsteht durch die Rückantwort aus der Betroffenheit. Darauf beruht die Verantwortung und Mitverantwortung.

Am Anfang der vorliegenden Arbeit haben wir gezeigt, dass der Dialog nur beginnt, wenn ich den gegenüberstehenden Menschen als meinen gleichberechtigten Partner anerkenne. Ein gutes Zeichen dafür ist die Ermöglichung der Mitverantwortung beider Seiten. Die Stellung der Mitverantwortung ist ein Status der Selbständigkeit. Mein Gegenüber kann mich in der Beziehung nur bereichern, wenn ich seine Selbständigkeit anerkenne, akzeptiere und garantiere. Denn die Akzeptanz und Anforderung seiner Selbständigkeit gibt ihm die Möglichkeit seine Identität zu entfalten und den Reichtum seines Menschseins durch eigene Identität zu schenken. Nur auf dieser Ebene kann richtiger Dialog geschehen.

Anders gesagt, bei der direkten Begegnung muss der Andere seine Einheit und Eigenheit haben, um zu mir von sich selbst sprechen und mir etwas geben zu können. Nur so geschieht bereichernde Begegnung. Nur der Andere, der anders ist, hat mir etwas Neues zu geben. Seine Einheit bestätigt ihn in seiner Anderheit.[8] Sie zeigt, dass er ein *anderer* ist. Er steht jedes Mal auf der *anderen Seite*. Die Anerkennung seiner Anderheit – der Anerkennung, dass er auf der anderen Seite steht, lehnt die Wirklichkeit unserer Gleichheit als Menschen nicht ab. Er gleicht mir; aber er spricht von seiner eigenen Identität aus. Die Aussage des Philosophen Ernst Bloch, dass niemand von nirgendwo spricht, trifft den Zusammenhang. Das bedeutet, der Standpunkt meines Gegenübers

---

[8] Die Anderheit impliziert das Anderssein, wie wir oben in der vorliegenden Arbeit erklärt haben.

besagt schon seine Anderheit, aber er hebt seine Grundgleichheit mit mir nicht auf. Die Aufforderung und Forderung seiner Gleichheit mit mir ist weder eine Verweigerung seiner Identität noch eine Vorstufe seiner Vereinnahmung. Seine Selbständigkeit in der Beziehung erklärt, dass ich ihn nicht zu meinem Besitz machen oder ihn vereinnahmen darf. Im Gegenteil, sie bekräftigt seine Identität als gleichberechtigter Partner im Dialog, der immer auf der anderen Seite steht.

Es besteht ein gravierender Unterschied zwischen dem wirklich gegenüberstehenden Menschen als einem konkreten Partner im Dialog und dem von mir nach meinen Vorstellungen ausgedachten Anderen. Der eine kann mir etwas Neues von sich geben, und der andere kann mir nur das geben, was bereits in meinen Vorstellungen als Vorurteil besteht. Wir können also bestätigen, dass ohne die Anderheit des Anderen keine Begegnung geschieht, und dann auch kein Dialog entsteht.

- *Die Anderheit[9] als die Basis des Ethischen*

Wir haben oben gezeigt, dass die Anderheit die Trennung zwischen mir und dem gegenüberstehenden Menschen erkennbar macht. Er ist separat von jedem anderen

---

[9] Der starke Akzent auf die Idee der Anderheit des Anderen verdanken wir Emmanuel Lévinas' Begriff der *altérité* in seiner Verantwortungsethik. Es gibt zwei Versionen in der Übersetzung von Lévinas' Begriff der *altérité*: durch 'Anderheit' und 'Andersheit'. Für uns in der vorliegenden Arbeit wird 'Anderheit' verwendet. Sie beinhaltet auch für uns *Anderssein*.

erkennbar, nicht nur anders im Vergleich mit jedem anderen. Seine Anderheit weist auf seine Einheit und sowie auf seine Einmaligkeit hin.

Es muss hier darauf hingewiesen werden, dass die Anderheit des Gegenübers kein Grund ist ihn auszugrenzen, wie auch seine Wesensgleichheit mit mir kein Grund ist ihn zu vereinnahmen. Seine Anderheit (sein Anderssein) kann mich faszinieren und ergreifen. Sie kann mich bewegen, berühren, anziehen und auffordern zur Begegnung. Sie ruft mich zur Antwort auf. Meine Antwort muss aus Verantwortung gegeben werden.

Das heißt, meine Begegnung und Berührung mit dem Gegenüber ist in sich eine Antwort auf seine Präsenz. Und jede Antwort ruft mich zugleich zu weiterer Antwort auf und verpflichtet mich zu mitmenschlicher Beziehung. Das heißt, meine Begegnung und Beziehung zum Mitmenschen enthält die ethische Aufforderung, ihn als Mitmenschen anzunehmen, wie er ist. Sein Auftritt ist jedes Mal ein einmaliger Ruf an mich zur Begegnung und Berührung. Sie steht jenseits aller vorgegebenen Muster. Die Aufforderung zum Dialog entsteht direkt aus der Begegnung mit ihm und nicht aus den von mir bestimmten Deutungen oder Vorurteilen. Sie ist ein Verlangen nicht aus dem vorgegebenen System, oder aus der Tradition, sondern ein Geschehnis, das sich jedes Mal durch den Auftritt des Gegenübers neu darstellt.

2. Menschliche Nähe befiehlt zur Verantwortung

Das Ethische entsteht schon in dem Augenblick des Gegenüberstehens des Anderen, noch vor meiner Handlung mit ihm. Seine Präsenz verpflichtet mich ihm menschliche Antwort zu geben. Seine Anwesenheit ist ein an mich gerichtetes Wort, das Antwort fordert. Ich kann nicht ein Beobachter bleiben. Das Gegenüber als ein Mitmensch ist wie ein Wort, das mich anspricht. Und ich kann nur mit ihm in Dialog eintreten, weil ich für ihn verantwortlich bin. „Diese Verantwortung im ‚ursprünglichen' Sinne des Wortes, und nicht der Meinungsaustausch ist der Dialog, in dem sich die Begegnung vollzieht" (Lévinas, 1963, 125).

Für uns bekommt der Begriff der Verantwortung damit eine radikale Bedeutung: Die Verbundenheit, die im Dialog zwischen mir und dem Mitmenschen entsteht, ist als eine Sphäre der Verantwortlichkeit zu verstehen. Seine *Nähe* deutet die Dringlichkeit einer ethischen Verpflichtung an. Sie ist eine Nähe, die die Anwesenheit des Gegenübers anzeigt, so dass ich der Verpflichtung ausgesetzt bin und ihr nicht entgehen kann(vgl. Lévinas). Seine Anwesenheit darf mir nicht gleichgültig sein. Im Gegenteil sie ruft mich auf zu selbstloser Verantwortung für den gegenüberstehenden Menschen, noch vor der Sorge um mich selbst. Bei der Begegnung hat das Gegenüber einen Anspruch auf meine Antwort. Die eigentliche Sphäre der Verantwortung für ihn ist also seine Nähe zu mir. Die Radikalität dieser Sphäre drückt Lévinas ganz deutlich aus: „Sich nähern, das heißt Hüter seines Bruders [seiner Schwester] sein, seine Geisel" (Lévinas, 1975, 121). Seine Nähe ruft mich zur Antwort und Verantwortung auf.

In Anlehnung an Lévinas' Deutung wird mein Dasein für den Anderen in der dialogischen Verantwortung durch meine Nähe zu ihm bestimmt. Seine Nähe macht mich vor ihm ausgesetzt und schutzlos. Anders gesagt, vor meinem Gegenüber bin ich meiner eigenen Empfänglichkeit und Sensibilität aussetzt - eine *Unterwerfung*, in dem ich mich dem Anderen total hingebe (vgl. Lévinas 1992, 49). Denn indem ich mich in Relation zum anderen Menschen setze, bin ich ihm gegenüber ausgesetzt, wie er auch mir ausgesetzt ist. Dies Ausgesetztsein ist zugleich der Aufruf an mich die Verantwortung für den Anderen zu übernehmen. Meine Beziehung zu ihm, die meine Sensibilität verlangt, ist der Ausgangspunkt für das ethische Handeln, nicht die vorbestimmte Ordnungen oder Gesetze. Sie ist nicht als Leistung meines Bewusstseins anzusehen, wie die Beachtung eines Gesetzes. Das bedeutet, der Grund des ethischen Befehls entsteht nicht außerhalb meiner Beziehung zum Anderen. Auch wenn die Normen oder Gesetze ihren Sinn haben, ist doch die, durch die Nähe des Anderen geweckte Sensibilität viel wichtiger. Sie ist grundlegender als meine Bestimmung und jede Verordnung und jedes Gesetz. Sie gibt ihnen sogar ihren menschlichen Wert. Zum Beispiel: Die Annäherung an einen Menschen, der, scheinbar verletzt, mitten auf der Strasse liegt, befiehlt mir zu helfen. Ich bin aufgerufen zu helfen, nicht weil das Gesetz es sagt, sondern weil seine Nähe als Mensch, mir befiehlt zu helfen. Mein Wollen, Denken, Wissen, mein Selbstbewusstsein und meine Selbstbehauptung, die den Verordnungen (Normen) ihren Sinn geben, geschehen überhaupt, weil ich in der Nähe des Anderen bin. Sie geschehen nicht in der Leere. Sie sind das Wollen, Denken, Wissen oder Bewusstsein von irgendeinem Gegenüber. Das heißt, Verordnungen, Normen, Traditionen, Gesetze, Lehren oder Denkrichtungen, mögen sie noch so gut sein, sind und können nicht die Quelle inneren Rufes zu Verantwortung sein. Sie können nicht den Platz der inneren Aufforderung von Sensibilität bei der Nähe des Anderen übernehmen. Ohne die Sensibilität schaffen und sichern sie nur künstliche, nicht aber menschliche Ordnung. Ohne Sensibilität können sie uns die ordentliche Gesellschaft der *Roboter* verschaffen. Es ist wie bei dem Wunsch nach einer Ordnung, in die kein Kind eintreten darf, in der kein Kranker anwesend sein darf, kein Behinderter präsent sein und kein Fremder auftreten darf, weil sie alle uns angeblich stören, belasten und überfordern.

Die innere Kraft des Ethischen in der dialogischen Beziehung zum anderen Menschen ist die Sensibilität. Sie führt uns zu dem Nicht-Selbst, zu dem Externen. In der Bewegung der Sensibilität zum Nicht-Selbst bin ich gezwungen meinen Egoismus aufzugeben. Ich selbst bin nicht mehr die Norm, in der andere Dinge gesehen oder gemessen werden. Das Gegenüber hat mir etwas zu sagen, das ich aus mir selbst nicht habe und nicht sagen kann. Sein Dasein in seiner Anderheit widerspricht der Grundlehre des traditionellen Individualismus, der sagt: „Der Mensch ist das Maß aller Dinge, der seienden, das sie sind, und der nichtseienden, dass sie nicht sind" (Protagoras von Abdera ca. 480-411 v.Ch.). Denn, indem ich mich als Ausgangspunkt und Ursprung für alle andere Dinge darstelle, verliere ich die Verbindung zum Begegnenden, wie er in der Wirklichkeit ist.

Bei der Vorstellung, dass ich der einzige Ausgangspunkt bin, kann ich schlecht die Selbstsucht, den Egoismus vermeiden. Aber jede Form des Egoismus ist eine Absurdität, die kein Gewinn ist. In der Wirklichkeit bezeichnet meine Einzigkeit mein konkretes Dasein, dass ich schon in der Nähe des Anderen die Dominanz verloren habe (auch wenn ich denke, dass ich noch die Dominanz habe). Denn bei dem Auftreten des Anderen gehört mir der *Platz* nicht mehr allein. Ich verhalte mich nur so als sei der Andere nicht da. Realität ist aber: Der Andere ist immer da, unvermeidlich da. Durch seine Präsenz bietet sich überhaupt der Ort der Begegnung an. Seine Nähe ruft mich zur Annäherung an ihn, zur Begegnung mit ihm auf. Sein Dasein wählt mich aus. Als ein Auserwählter bin ich ein konkretes *Ich* und kein verallgemeinertes *Ich* der Vorstellung. Meine Begegnung mit ihm ist wie *mich vor den Anderen stellen*. Aber dieses ‚sich vorstellen' ist *für* den Anderen, *nicht für mich* selbst. Sobald ich mich *für mich* vorstelle, bricht die Begegnung mit dem Anderen ab (wenn auch nur momentan). Es ist wie eine Selbsterwählung. Und jede Selbsterwählung lenkt von der bestehenden Begegnung und Beziehung ab, wenn auch nur im Augenblick. Jede Selbsterwählung schließt sich vom schenkenden Gegenüber aus. Indem ich mich selbst auswähle, weiche ich meiner möglichen Erwählung durch den schenkenden Anderen aus. Er kann mich nicht mehr erreichen. Ein von sich erwähltes Selbst steht für sich allein und ist arm. Aber in seinem konkreten Dasein ist jedes Ich eine geschenkte Selbstheit durch den Anderen. Denn ohne den Anderen gibt es kein Ich. Die Anwesenheit des Anderen ist wie ein Spiegel, der mein Dasein aus einer anderen Perspektive wiedergibt. Ohne den Anderen kommt meine Identität von dieser Außenansicht nicht ans Licht. Ich selbst kann meine Identität in diesem Sinne nicht konkret erhellen. Dafür brauche ich den Anderen. Meine Wesenseinheit, als eine ganze Person, zeigt sich nur durch den Anderen, sonst wäre sie nur eine absolute Selbstdarstellung, die nur zu meinem Egoismus dient. Anders ausgedrückt: ich kann meine Ganzheit als eine Person nur im Angesicht des Mitmenschen (der Mitmenschen) finden. Nur in der Beziehung zum Mitmenschen kommt Licht in meine echte Identität.

In diesem Zusammenhang kommen wir zurück zum Thema der praktischen Aufforderung im gemeinschaftlichen Leben – zum Ethischen. Wenn es stimmt, dass ich das Gegenüber nötig habe, um mich zu entdecken und er mich auch, dann ist die Aufforderung zur gegenseitigen Verantwortung unvermeidbar. Diese Verantwortung für ihn darf aber nicht durch die Erwartung seiner Verantwortung für mich begrenzt werden (vgl. Lévinas). Das wäre ein Rückschritt zur Selbstsucht. Es geht darum, verantwortlich für das Gegenüber zu sein und um eigenen menschlichen Reichtum zu entdecken und entfalten. Wer sich finden will, muss sich für den Anderen einsetzen (vgl. Matthäus Evangelium 10, 39). Es ist als ob ich aufgerufen bin, zunächst die Stelle für uns beide zu übernehmen, bis ich ihn für Dialog und Austausch gewinne. So bekommt mein Ego einen neuen Status und eine neue Bedeutung, anders als ich es gewohnt bin. Es dient zu einem gemeinsamen Halten der Stellung, nicht mehr aus der Dominanz, sondern aus der Sensibilität, die sich selbst im Gegenüber entdecken kann. Unsere Ansicht über das neue Ego steht der traditionellen Idee des Ich als Subjektes offensichtlich entgegen.

Das Subjekt oder das Ego ist für uns nicht mehr ein *Herrscher*, sondern ein *Diener*, nicht aber eine *Geisel*, wie bei Lévinas. Die traditionelle Idee des Subjektes als des Dominierenden ist hier umgekehrt: Ich als Subjekt bin zum Diener gemacht und nicht mehr zum Dominierenden. Das Gegenüber ist dann das Ziel, zu dem ich gerufen bin. Der Egozentrismus ist angeschlagen. Die Bezeichnung Lévinas' vom neuen Ich als einer Geisel passt nicht ganz zu unserer Idee. Das dienende Ich ist mehr ein freier *Involvierter oder Betroffener* als eine *Geisel*. Ich kann zwar dem Appell des Gegenübers nicht entkommen, wenn ich den Reichtum meines Menschseins entdecken und entfalten will, aber ich bin frei den Appell abzulehnen. Aber der, der von der Beziehung zum Anderen betroffen ist, ist nicht unfrei. Im Gegenteil, mit dem Eintritt in die beziehungs- und dialogsstiftende Begegnung mit dem Gegenüber, gewinne ich meine Freiheit. Es ist der unbegrenzte und unfreiwillige aber freiheitsschaffende Dienst eines Betroffenen. Als Betroffener ist meine Freiheit in der Beziehung weder von außen noch von innen beschränkt. Denn in dem ich den Anderen vertrete, vertrete ich mich selbst, weil ich auch betroffen bin. Ich bin also weder in der einseitigen Relation des Dominierten noch in der des Dominierenden gebunden. Somit sind die immerwährenden Fragen nach der *'Freiheit zu etwas'* und der *'Freiheit von etwas'* durch die *'Freiheit durch den Anderen'* sozialer dargestellt.

3. Verantwortung gibt den Dialog seinen Sinn

Wir haben gezeigt, dass Verantwortung für den Anderen die wesentliche, primäre und grundlegende Aufforderung ist. Sie gibt der Ganzheit des Ich seine Bedeutung. Das Ich für sich ohne den Anderen weist nur eine abstrakte Bedeutung des Ich auf. Für seine volle Bedeutung muss es auf das Externe gerichtet werden. D.h. es muss sich für den Anderen geben. Diese Idee der Verantwortung für den Anderen bedeutet die „eine Aufgabe, eine Aufforderung, die an mich ergeht" (vgl. Lévinas). Sie stimmt nicht mit der allgemeinen Bedeutung der Verantwortung überein, in der ich aus meinem freien Willen als selbständiges Subjekt etwas übernehme. Die Präsenz des Anderen, seine Nähe, wie oben schon gezeigt, bestimmt schon die ethische Aufforderung. Es ist, als ob die Verantwortung im Sinne der Macht meines Willens oder Denkens aus eigener Kraft ausgeschaltet ist. Sie nimmt eine andere Bedeutung an: die *Ausrichtung* des Subjekts, des Ich zur Begegnung, zum Dialog. Sie ist mehr von der Tatsache des Näherkommens der Anderen abhängig, die zusammen mit mir auf dem Spielfeld sind und weniger von meinem Willen und meiner Entscheidung. Die Erscheinung des Anderen befiehlt mir die Begegnung mit ihm. Und jede Begegnung in sich, hat mit der Verantwortung zu tun, wie wir oben gezeigt haben. Das Bewusstsein, dass ich nicht allein bin, erweckt in mir als einem normalen Menschen die Wachsamkeit, Behutsamkeit, Diskretion, Rücksichtnahme und auch Unsicherheit vor den Anderen. Bekannte Gefühle kommen: Ich möchte mich vor den Unbekannten schützen und zugleich wünsche ich mir doch sie kennenzulernen. Ich möchte wissen wer der Andere ist, was er tut und was er denkt. Innerhalb des Zwiespalts der beiden Wünsche spielt sich das soziale Leben ab. Der Mensch als ein soziales Wesen braucht den Anderen im Zusammenleben um sich zu realisieren. Aber er muss den Anderen kennenlernen um ein gutes Zusammenleben zu erreichen.

Das Kennenlernen darf nicht zur Ausnutzung des Anderen benutzt werden. Das heißt, das Vorhaben den Anderen zu treffen nur um Wissen zum eigenen Vorteil zu gewinnen, ist eine versteckte Form der Instrumentalisierung der Begegnung. Die Begegnung im Dialog ist ein Ziel für sich. Sobald ich die Begegnung mit dem Anderen zu einem Mittel für irgendeinen anderen Zweck mache, geht das Menschliche der Begegnung verloren. Sie ist nicht mehr Begegnung, sondern ein *Businesstreff*.

Die ursprüngliche Begeisterung über den Anderen, der Wunsch ihn kennenzulernen, darf nicht zu einem Drang nach Wissen werden, sondern sollte eine Bewegung sein, sich ihm zu nähern, ihn zu berühren und sich mit ihm auszutauschen – ihm zu begegnen. Das Ziel der Begegnung, der Mensch, verschwindet sobald ich die Begegnung mit ihm zu einem Instrument mache. Damit erhöht sich das Risiko zur Dominanz des Anderen. Denn jede Form der Instrumentalisierung ist ein Akt der Dominanz.

Im Allgemeinen, bieten sich mir beim Auftreten des Anderen zwei Alternativen: Entweder ich lasse mich auf die Begegnung mit dem Anderen ein, die auch zur gegenseitigen Bereicherung durch den Dialog führt oder ich ignoriere die Wirklichkeit, dass ich nicht allein auf dem Lebensfeld bin. Ich falle somit zum Ich der Phantasie zurück – das unrealistische Ich, das nur den Urzustand des Krieges aller gegen alle bewirkt – *bellum omnium contra omnes* (Thomas Hobbes). Aber ich werde immer wieder mit der Realität konfrontiert: **Es gibt keine Welt des einen Ich ohne den Anderen.** Jeder Mensch ist in mitten der Welt der Anderen geboren. Denn der Mensch ist geschaffen zur Begegnung, zum Dialog. Das bedeutet, es gibt nur diese Alternative: die Notwendigkeit des Dialoges. Sie bringt uns zu unserer hauptethischen Aufforderung zurück: der Verantwortung für den Anderen, die auch mir zugute kommt.

Aber die Idee der selbstlosen Verantwortung für das Gegenüber wirft die Frage nach der Gerechtigkeit auf. Man fragt: Ist das wechselseitige Belohnung in der dialogischen Beziehung mit dem Anderen nicht gerecht? Wie weit kann ein Dialog bestehen ohne die wechselseitige Belohnung in der Beziehung?

4. Zwischen Wechselseitigkeit, Selbstlosigkeit und Belohnung in dialogischer Beziehung

Die Behauptung Lévinas', dass das Verhältnis des Miteinanderseins nur ethische Bedeutung als *eine asymmetrische Beziehung* (nicht-wechselseitige Beziehung) hat, ist vielleicht die größte Provokation in der Geschichte des ethischen Denkens. Es klingt schon wie Selbstmord zu sagen: „Ich bin verantwortlich für den *Anderen*, ohne Gegenseitigkeit zu erwarten, und wenn es mich das Leben kosten würde. Die Gegenseitigkeit, das ist *seine* Sache" (Lévinas 1986, 75). Die Konsequenz solcher Aussage ist sehr hart: Ich bin dem Anderen „unterworfen". Die Folge ist unabsehbar: ich bin verantwortlich für den Anderen, auch für seine Verantwortung und auch für die Verfolgung, die ich durch ihn erleide, so Lévinas.

Nun zurück zur Frage: Ist es ungerecht in der Verantwortung für mein Gegenüber eine Erwiderung von ihm zu verlangen? Oder widerspricht die Selbstlosigkeit als Grundlage jeder Verantwortung, wie oben angedeutet, jeder Form der Gegenseitigkeit? Das Argument lautet: die wirkliche Verantwortung für den Anderen darf nicht die Erwartung von *Gewinnbeteiligung* bedeuten. Aber das wechselseitige Handeln kann in sich Gewinn-für-mich bedeuten, die Sorge um meinen eigenen Nutzen. Solches gegenseitige Handeln, führt die Menschen zum egoistischen Wettkampf aller gegen alle führt - *bellum omnium contra omnes*.

In diesem Sinne ist jedes Handeln, das auf Wechselseitigkeit basiert, ist nicht mehr so harmlos, wie man oft denkt. Das heißt, jedes Handeln, das auf die gegenseitige Belohnung ausgerichtet ist, ist in sich ein egoistisches Handeln. Man hält nur am eigenen Interesse fest. Es ist wie ein Geschäft: Der bessere Anbieter spielt den schlechteren aus, weil dieser nach der Entgeltordnung nichts anzubieten hat. Die Grundlage des Handelns ist in dem Fall nicht mehr die der dialogischen Verantwortung für den Anderen, sondern die, der „miteinander im Kampf liegenden Egoismen, im Kampf aller gegen alle" (Lévinas 1992, 4f.) Meine Verantwortung für den Anderen dagegen ist selbstlos. Sie schließt meine Verpflichtung ein, dem Anderen zu antworten und für ihn verantwortlich zu sein, *bevor er mir antworten kann*. Ob er sich auf eine Antwort und die Übernahme von Verantwortung mir gegenüber einlässt, ist seine Sache und nicht meine. Hier ist Lévinas' Idee der Selbstlosigkeit weder mit Kants interesselosem Wohlgefallen, noch mit Gleichgültigkeit gleichzusetzen. Das heißt, dass die ethischen Akte und Handlungen der Bedeutung von Gerechtigkeit nur entsprechen, wenn sie aus dem Geist der Selbstlosigkeit heraus entstehen.

Die vorhergehende Meinung scheint einigermaßen vertretbar. Denn die wahren menschlichen Beziehungen können nur aus der Selbstlosigkeit entstehen. Im Geist der Selbstlosigkeit ist die *unbegrenzte* Verantwortung für den Anderen vertretbar. Es bleibt die Frage, ob man die unbegrenzte Verantwortung für den Anderen übernehmen muss. Im Sinne der Verantwortung, die mit dem menschlichen Wesen verbunden ist, wie oben angedeutet und argumentiert ist, scheint es keine begrenzte

Verantwortung zu geben. Denn zusammengefasst, lautet das Hauptargument: Wenn der Andere ein Mensch ist, wie ich, dann bin betroffen in seiner Sache und ich bin verpflichtet ihn zu vertreten. Und meine Vertretung endet nicht, weil auch sein Menschsein nicht aufhört.

Das Argument der Unumkehrbarkeit (Asymmetrie) der selbstlosen Verantwortung für den Anderen, kann man durch die folgende Begründung der persönlichen Identität bekräftigen: Wenn meine Verantwortung für den Anderen nicht übertragbar ist, egal was er selber tut, und wenn meine eigene Identität von meiner Verantwortung her für ihn zu benennen ist, ist der Akt der Verantwortlichkeit nicht von der Wechselseitigkeit abhängig. Also kann jeder Mensch nur von seiner Gegebenheit aus agieren und handeln. Er kann die Stellung des Ich und die des Anderen nicht umkehren. Das wäre nicht mehr Selbstlosigkeit, sondern ein Verharren in der Selbstsüchtigkeit.

Diese Unumkehrbarkeit in der Beziehung zum Anderen besagt, dass ich die Beziehung zu ihm nicht von der Wechselseitigkeit abhängig machen darf. Sie bedeutet auch, dass er immer anders bleibt als ich und nicht von mir abgeleitet werden kann. In keiner Form reiche ich als Maßstab für ihn aus. Er ist mir nicht identisch, auch wenn er mir als Mensch gleich bleibt. Er ist der *Andere* in seinem Anderssein und Andere-sein.

Zusammenfassend kann man sagen, dass der Wert der Gegenseitigkeit in der menschlichen Beziehung nicht total abzulehnen ist. Aber sie hat eine sekundäre Stellung zur asymmetrischen Form menschlicher Beziehung. Die nicht-wechselseitige Zuwendung oder Verantwortung und die wechselseitige sind zwei Ebenen der Verantwortung in der mitmenschlichen Beziehung. Die eine ist primär, die andere sekundär. Da der Mensch in sich ein eigener Wert vor jedem anderen ist, verlangt er bedingungslose und unbegrenzte Verantwortung - Asymmetrie (nicht-wechselseitige Verantwortung). Weil aber die entstehende (oder entstandene) Beziehung von beiden Seiten weiter getragen und unterstützt wird, verlangt sie wechselseitige Verantwortung – die Symmetrie. Anders gesagt: Der symmetrische Aspekt der Verantwortung ist nur eine Stütze für den asymmetrischen Hauptaspekt.

Das bedeutet, meine selbstlose Verantwortung für den Anderen ist eine Pflicht trotz seines Verhaltens mir gegenüber. Meine Verantwortung für ihn ist durch seine Präsenz gefordert, nicht weil ich eine Entlohnung durch seine Erwiderung erwarte. Seine Rückantwort oder Verantwortung ist seine Sache (vgl. Lévinas). Ich bin verpflichtet bedingungs- und grenzenlos verantwortlich für ihn zu sein, weil er ein Mensch ist, auch wenn er mir keine Erwiderung gibt. Meine Verantwortung für ihn setzt früher ein, als jede Form der Entlohnung, weil er ein Mensch, ein Wesen ist, das seinen eigenen Wert und Zweck in sich trägt.

In dieser Hinsicht kommt Dialog nur in Verbindung mit der grenzenlosen Verantwortung für den Anderen zur Sprache. Ich antworte nicht weil er geantwortet hat, sondern weil er als Mensch, mich durch seine Anwesenheit aufgerufen hat. Das impliziert, dass die Gegenseitigkeit oder der wechselseitige Austausch nicht reicht. Die Wechselseitigkeit ist, wie bereits gesagt, nur eine Stütze bei meiner Zuwendung oder Verantwortung für das Gegenüber.

Unsere Meinung stellt einen Mittelweg dar. Sie unterscheidet sich hier von den extremen Aussagen vieler Dialogphilosophen. Bei manchen spielt Wechselseitigkeit in der Begegnung eine große Rolle bezüglich der Verantwortung für den Anderen und im Dialog, z.B. bei Buber. Für einige andere dagegen bedeutet Verantwortlichkeit ursprünglich die Verantwortung für den Anderen und sogar für seine eigene Verantwortung; d. h. Verantwortung ist auch für das aufgefordert, was ich normalerweise als etwas *was mich nichts angeht* bezeichnen würde (vgl. Lévinas).

Beide Meinungen zeigen einen gemeinsamen Weg: Mein eigenes Personsein basiert im Wesentlichen auf meiner Verantwortung für den Anderen. Denn das Menschliche ist ursprünglich ein Für-einen-Anderen-da sein. Das heißt: Die Nähe des Anderen gibt dem Menschlichen die Chance sich durch die Verantwortung zu verwirklichen. Diese Nähe ist zugleich ein Aufruf an mich zur Antwort: Verantwortung für den Mitmenschen. Die Nähe bahnt sich als Verantwortung für den Anderen an. Sie ist ein Wesensbekenntnis: „Hier bin ich. Etwas zu tun für einen Anderen. Zu geben. Menschlicher Geist zu sein, das ist es" (Lévinas 1992, 74). Es ist eine wunderbare, einzigartige Beziehung, bei der Andere nicht mein Bild oder meine Vorstellungen darstellt, sondern meine Verantwortung einfordert. Durch diese Verantwortung bin ich wirklich Ich. Das bedeutet nicht, dass ich durch die bedingungslose Verantwortung in der Beziehung meine Einzigartigkeit als Person verliere. Nein. Ganz im Gegenteil: Meine Einzigartigkeit als eine Person kommt stärker zum Ausdruck durch meine Verantwortung für den Anderen, der da ist. Nur ich kann ihm in dem Augenblick der Begegnung antworten und ihn vertreten. Denn die Verantwortung für ihn ist auch die Vertretung des Menschlichen in mir. Ich vertrete einen Wert, von dem ich überzeugt bin und der ein Teil meines Lebens ist. Ich vertrete den Anderen, weil er das repräsentiert, was ich wesentlich bin – ein Mensch. Das bestätigt, dass meine Verantwortung nicht nur für das zuständig ist, was in der Verpflichtung oder Rechenschaft meines Willens liegt. Ich trage auch Verantwortung für die bereits existierende Lage und das Geschehen, in dem ich mich befinde. Beide waren da, bevor ich auftrat. Sie gehören dem Umfeld meines Wesens, dem Menschlichen an.

Ich bin also zur Verantwortung für den Anderen verurteilt, nicht nur weil ich seiner Nähe nicht entgehen kann, sondern mehr noch, weil er das in sich trägt, was ich bin: das Wesen des Menschen. Verantwortlichsein hat hier also nichts mit der Frage nach der Rechtfertigung und Rechenschaft in der Urheberschaft von Taten, wie im traditionellen Verständnis der Verantwortung, sondern es ist ein Einstehen für eine innere Zugehörigkeit, eine innere Berührung - ein Einstehen für den Anderen, der immer da ist, ein Mensch wie ich, eine *Antwort auf ihn und für ihn*. Verantwortung bedeutet, dass ich auf die Taten und Unterlassungen aus der Perspektive des Anderen antworte und mich als ein Mitbetroffener durch meine Sensibilität für ihn in seinem Unglück, Leiden, in seinen Fehlern und in den Konsequenzen einsetze. Denn mein Wesen als Mensch ist schon im Menschlichen eingebunden, auch in den Konsequenzen der Taten der Anderen. Darin steckt der harte anthropologische und ethische Kern der globalen Gemeinschaft der Menschheit. **Globalisierung** ist der aufklärende Prozess, der uns bewusst macht, dass jeder Mensch auf jeden anderen Menschen angewiesen ist. Ich bin verurteilt verantwortlich für den Anderen zu sein, weil er ein Mensch ist, wie ich. Seine Verwundbarkeit deutet meine eigene Verletzlichkeit an. Das ist der Kern des Ethischen in der menschlichen Gemeinschaft, in der Frage der Globalisierung.

- Die Verwundbarkeit und Ausgesetztheit

Die Realität der Verwundbarkeit und Ausgesetztheit jedes Einzelnen zeigt uns, dass er ein Mensch mit Körper und Seele ist, dass den Schutz der Mitmenschen nötig hat. Sie weist darauf hin, dass er ohne den Schutz der Gemeinschaft seiner Mitmenschen nicht weiter kommen kann. Der deutsche Geschichtsphilosoph Johann Gottfried von Herder sagt: „Der Mensch ist zur Gesellschaft geboren" (1784, 126). Die Realität seiner Leiblichkeit ist in sich ein ungesprochener Appell und zugleich eine Aufforderung zu bedingungsloser Verantwortung von jedem für jeden. Sie ist ein ungeschriebenes Gesetz, aber doch geschrieben auf dem Gesicht jedes einzelnen Menschen. Sie ist eine unaufhörliche Aufforderung, weil der Andere immer da ist. Und die Verantwortung wird größer, je mehr man sie übernimmt, weil die Nähe des Anderen sichtbarer, erfahrbarer wird (vgl. Lévinas).

Unser Grundargument für die Verantwortung wird bekräftigt durch die geläufige Aussage: Der Mensch ist in die Welt geworfen, ohne eigene Entscheidung. Heinrich Barth, der Afrikaforscher korrigiert es so: „Der Mensch sei nicht in die Welt hineingeworfen, sondern der Mensch sei in die Welt hineingeboren. Geworfen werden schließlich nur Karnickel." Der Mensch befindet sich in einer Situation, die er sich nicht ausgesucht hat. Wie oben gezeigt, geht es nicht um die Urheberschaft meiner Taten als Grund für die Verantwortung, sondern um die Tatsache, dass ich dem Menschlichen überhaupt verbunden bin, dass ich für das einstehe, was den Anderen betrifft. Die Situation, in der ich nicht allein bin, nicht allein sein kann, impliziert meine Empfänglichkeit und Verwundbarkeit gegenüber dem Anderen und seine Empfänglichkeit und Verwundbarkeit mir gegenüber. Damit ist Verantwortung für den Anderen im Dialog ein unvermeidlicher Imperativ. Im ethischen Sinne liegt meine Menschlichkeit in meiner Verantwortung für den Anderen und diese beinhaltet zugleich einen Appell zum Dialog. Die Verbindung zwischen der Nähe des Anderen und der Verantwortung für ihn eröffnet eine neue Sichtweise auf den Dialog.

5. Empfindung und Sensibilität als dialogische Lage

Eine unserer Thesen lautet: In der unmittelbaren Nähe des Anderen bin ich aufgerufen ihm zu begegnen, zu antworten, ihn zu vertreten. Wir haben in den vorhergehenden Kapiteln auch angedeutet, dass die Nähe in sich eine Aufforderung zur Verantwortung für den Anderen ist. Aber diese unmittelbare Berührung, die mich nicht in Ruhe lässt und die geschieht, bevor ich mir des Anderen *bewusst* bin, schafft die dialogische Lage. Diese Berührung hat keine vorgegebene Ordnung, kein Urprinzip, an dem man fest halten soll. Sie ist kein fertiges Rezept, keine Vorurteile, auf die man sich verlassen kann. Angesichts des Anderen verschwindet die vorgegebene Ordnung, die ich ohne ihn ausgedacht habe, oder die ich für mich und nicht für uns ausgedacht oder mitgebracht habe. Man tritt in eine unbekannte Arena ein, in eine unvorhersehbare Lage – die Lage des Dialoges. In dieser Lage ist jeder auf den anderen angewiesen. Darum kann man die Nähe als die Lage der Sensibilität bezeichnen und die Lage der Sensibilität hat *keine* Ordnung. Ihre einzige Ordnung, die wiederum keine Ordnung ist, ist die Ordnung des Menschseins und des Menschlichen.

Die Tatsache der Gegenwart des Anderen teilt mir mit: *Hier ist ein Mensch wie ich.* Dieser Hinweis erweckt in mir vom ersten Augenblick an die Sensibilität zum Dialog – zum Gespräch, Austausch, Handeln – ohne vorgegebene Regeln oder Vorurteile. Die Regel ist: Er oder sie oder es (das Kind) ist ein Mensch wie ich, jenseits allem, was ich mitgebracht habe, jenseits meiner Gedanken, Vorurteile, der Formen, Schemen, Normen usw. Aus dieser Grundlage der Sensibilität heraus ergibt sich das erste Gesetz: *Du musst das Leben behüten.* Es gibt schon eine Verwicklung mit dem Gegenüber, weil es ein Mensch ist, wie ich. Er steht über meinen Gedanken. Er ist nicht ein bloßer Gegenstand meines Gedankenspiels, sondern ein Mensch, wie ich.

Unser Dialogphilosoph Buber warnt mit Recht vor der Vergegenständlichung durch Thematisierung des Gegenübers. In der Thematisierung verliere ich ihn und seine Gegenwart. Er wird zu einem Gegenstand gemacht und somit steht er nicht mehr unmittelbar in Beziehung zu mir. Viele Denker des Dialoges sind sich darüber einig (vgl. Buber und Lévinas). Sie sind der Meinung, dass das Gegenüber nicht mehr gegenwärtig sein kann, sobald man es zum Konzept macht und ihm nicht begegnet. Uns aber geht es um die Nähe des Gegenübers als eines Menschen, den man nicht auf ein Konzept reduzieren kann, weil jede Form der Konzeptualisierung die konkrete Begegnung mit dem Gegenüber und den Austausch mit ihm verhindert. Sie lähmt den Dialog mit ihm und könnte zur trügerischen Verantwortung für ihn führen. Denn eine Vorstellung von der Realität ist nicht gleich der Realität selbst.

Das Mitsein mit dem Mitmenschen entsteht nicht durch meine Verstandesstruktur oder meine intellektuelle Fähigkeit. Der Grund ist klar: Das Dasein des Anderen besteht in seiner konkreten Existenz mit seinem Anderssein und nicht durch mich. Unsere verstandesmäßige

Einsicht oder Wahrnehmung hilft uns zu wenig bei der Begegnung mit anderen Menschen. Der innere Aufruf zur Begegnung zeigt sich auf anderer Ebene: Ich begegne dem Anderen nicht weil ich ihn gut kenne, sondern ich kenne ihn, weil ich ihm begegnet bin. Manchmal stimmt unser Denken nicht mit unserer Erfahrung überein: Oft meinen wir jemandem zu begegnen, weil wir ihn schon gut kennen. Aber nachher zeigt sich, dass wir ihn gekannt haben, nur weil wir ihm begegnet sind. Die schwierige dialogische Aufforderung bleibt: Will ich dem Gegenüber begegnen um ihn gut kennenzulernen oder will ich ihn kennen um ihn zu begegnen? Denn ich erreiche ihn mehr durch Begegnung als durch den *Verstand*. Ein gutes Beispiel unserer Zeit ist der Konflikt der Kulturen. Es wird langsam klar, dass die wirkliche Begegnung der Menschen die Kulturen einander näher bringen kann, mehr als die Vermittlung durch verstandesmäßige Informationen. Information ohne Begegnung vermittelt nur halbe Realität. Wir wissen, dass Gegebenheiten und Angaben ständig neuern Formen annehmen. Wir wissen auch, dass unerprobte Informationen können schnell die feste Form von zerstörend hartnäckigen Vorurteilen annehmen. Die Menschen verändern sich dauernd. Auch die Perspektive des Vermittlers verändert sich immer. Die Erkenntnis über den Anderen wird immer unvollkommener und verändert sich ständig. Nur während der Begegnung kann ich ihn erleben, wie er in Wirklichkeit ist. Denn meine Begegnung ist eine Berührung, der er sich nicht total entziehen kann.

Zurück zur Frage der Nähe und des Mitseins. Die Nähe und das Mitsein des Gegenübers geschehen jenseits unseres Verstandes. Sie (die Nähe und das Mitsein) geschehen über meinen Verstand hinaus durch selbstloses Engagement. Das ist das, was die Menschlichkeit ausmacht. Lévinas bestätigt: „Alle menschlichen Beziehungen, insofern als menschlich, *entstehen* aus der Selbstlosigkeit, darin liegt ihre Menschlichkeit" (Lévinas 1992, 346).

In der wirklichen Nähe des Anderen, sofern ein wirklicher Dialog geschieht, sind manche Repräsentationen des Gegenübers unnötig. Er ist ja da und kann für sich sprechen angesichts meines Daseins. Darum ist Dialog ohne Begegnung nicht möglich. Und es gibt keinen Dialog aus der Ferne oder durch Beauftragung. Das Wesen des Dialoges ist die Begegnung. Und nur innerhalb wirklicher Begegnung kann Verantwortung übernommen werden.

Die Gegenwart des Anderen fordert mich auf ihn als ein selbständiges Ich anzuerkennen. Sie befiehlt mir das Bündnis mit ihm, zum Menschlichen. Sie appelliert an unsere gemeinsame Empfänglichkeit und Verwundbarkeit, die wir uns nicht ausgesucht haben, die vielmehr zum Zustand des Menschen als gemeinschaftlichem Wesen gehört. Empfänglichkeit und Verwundbarkeit wecken die Sensibilität für den Anderen, so dass das Sich-Ergeben für den Anderen und die Verantwortung für den Anderen übernehmen, nicht Selbstmord oder Selbstvernichtung bedeuten, sondern die Anerkennung des gemeinsamen Stammes, des Menschlichen, die Annahme des Menschlichen, geschrieben auf jedem Gesicht. Diese Anerkennung ermöglicht den Dialog.

- *Der ungeschriebene Auftrag auf dem Gesicht*[10] *des Begegnenden*

Der Ausdruck *Gesicht* sagt uns etwas Persönliches über die Nähe und Gegenwart des Anderen aus. Es zeigt seine Präsenz als ein Mensch wie ich. Es bezeichnet das direkte Auftreten und die unmittelbare Gegenwärtigkeit des Gegenübers, die man nicht nach seinen Eigenschaften zerteilen und begrenzen darf. Die Zerteilung und Begrenzung behindern die unmittelbare Beziehung zu seiner Person, als einer Ganzheit. Denn eine wirkliche Begegnung geschieht mit der ganzen Person, nicht mit den zerteilten Eigenschaften. In einer bildlichen Form drückt Lévinas es im folgenden Beispiel deutlicher aus: „Die beste Art, dem Anderen zu begegnen, liegt darin, nicht einmal seine Augenfarbe zu bemerken. Wenn man auf die Augenfarbe achtet, ist man nicht in einer sozialen Beziehung zum Anderen" (Lévinas 1986, 64). Es ist die Ganzheit des Anderen, die mir seine Nähe schenkt, die mich anschaut, nicht nur die Augenfarbe. Das Anschauen seines Gesichtes vermittelt mir direkt seine Gegenwärtigkeit, seine Identität, das Menschliche in ihm. Die

---

[10] Wir verdanken Lévinas die Aufmerksamkeit in der Verbindung der Gegenwärtigkeit des Menschen zu seinem Antlitz überhaupt. Aber unser Ausdruck des *Gesichtes* deutet sicher mehr einfacher die persönliche Präsenz des Menschlichen als der Ausdruck des *Antlitzes* bei Lévinas.

Echtheit seiner Nähe verrät seine Ganzheit. Er ist ganz da. Das Gesicht verrät alles was er ist: sein Dasein, seine Nöte, sein Reichtum als Mensch, seine Verwundbarkeit. Es spiegelt das wieder, was in mir ist, das Menschliche. Es ist als ob er mir sagen will: du bist ein Mensch wie ich; der Mensch ist da, um behütet zu werden.

Das Gesicht stellt zugleich die Nacktheit und das Geheimnis des Menschen dar. Es stellt seinen Reichtum dar. Es ist nackt aber doch geheimnisvoll verhüllt. Es ist mir ähnlich aber doch einmalig und eigenartig. Es ist sehr nahe, sehr berührbar aber es kann nicht in Besitz genommen werden. Seine Zerbrechlichkeit stellt die ganze Menschheit als zerbrechlich da. Das Geheimnis des Gesichtes bleibt unerschöpflich. Es drückt zwar die Unmittelbarkeit meines Gegenübers aus und spiegelt etwas von mir wieder, aber es bleibt unerfassbar. Das Gesicht dient der Begegnung. Jedes Gesicht ist wie ein Gespräch, das mich zur Begegnung einlädt und sagt: „Hier bin ich, hier bist du". Es ist ein Ruf, der Antwort von mir verlangt – der Befehl zu *einer verantwortungsfordernden Antwort*. Anders gesagt: Die Gegenwart des Gegenübers ist der Befehl nicht zu schweigen. Dieses 'Nicht-Schweigen-Sollen' impliziert das Verantwortlichsein für das Gegenüber. Das heißt: Indem ich dem Anderen antworte, trage ich schon Verantwortung für ihn.

Zu Anfang unserer Betrachtung haben wir kurz darauf hingewiesen, dass die Nähe des Anderen den Sinn des menschlichen Wesens andeutet. An*gesichts* des Gegenübers befinde ich mich am Ort (der Menschheit), in dem ich, wenn ich ehrlich bin, für jeden Anderen auftreten muss. Sein Gesicht sagt mir, dass es sowohl für die ganze Menschheit als auch für den Einzelnen spricht. Denn jeder andere Mensch ist damit gemeint, davon betroffen, darin involviert. Daher ist jedes Gesicht in sich eine Aufforderung zur Verantwortung für jeden Anderen. Es ist eine Darbietung der *Beziehung* zum menschlichen Wesensbündnis. Das Gesicht bietet mir ein *Bündnis* an, das zugleich Appell und Imperativ ist – Bitte und Befehl. Es interpretiert das, was im Tiefsten jede Begegnung bedeutet: Ich bin gefangen im Sinne Dostojewskis, womit jeder dem anderen alles schuldet und ich mehr als alle anderen (Die Brüder Karamasoff 1955, S. 471, oft zitiert von Lévinas).

Es könnte hier gefragt werden, ob das im praktischen Leben so ist. Sind die Menschen nicht geneigt sich gleichgültig darzustellen? Sehen die Menschen sich selbst in den Begegnenden? Gibt wirklich dies Bündnis? Fühlen die Menschen sich wirklich angesprochen angesichts des Fremden, des Kranken, des Sterbenden, des Toten, des Hilflosen? Meinen sie nicht, dass sie anders sind? Nicht betroffen? Nicht angesprochen? Aber die Frage holt mich zurück in die Realität: Ist das tränenbedeckte Gesicht nicht das Gesicht der Menschheit? Ist das magere Gesicht, das auf der Strasse liegt nicht auch das andere Gesicht der Menschheit? Ist er, der als Verbrecher im Gefängnis sitzt, nicht das andere Gesicht der Menschheit? Ist er, der tot da liegt nicht auch das andere Gesicht der Menschheit? Das ist die Realität. Die Gleichgültigkeit ist nicht die Realität, sondern sie ist eine Täuschung. Die Realität des Gesichtes des Gegenübers stellt durch seine Anwesenheit das Bündnis mit jedem anderen Menschen dar.

Es wäre verwirrend die Realität des menschlichen Bündnisses als Knechtschaft oder Geiselhaft zu bezeichnen, wie Lévinas es tut. Ich bin zwar durch das Bündnis jedem anderen Menschen ausgesetzt, aber das Ausgesetztsein ist in diesem Sinne keine Geiselhaft. Mein Bündnis mit ihm ist ein Ruf für ihn einzustehen. Und das Einstehen für ihn in grenzenloser Verpflichtung ist in der Tatsache begründet, dass ich als Mensch, wie er, zu ihm gehöre. Ich habe keine andere Möglichkeit als die, ein Mensch zu bleiben. Darum ist für uns die Verantwortung für den Anderen als eine *Auferlegtheit,* wie Lévinas sagt, nicht passend ausgedrückt. Denn es ist dem Menschen nicht auferlegt. Es ist sein Wesen im Bündnis mit dem anderen Menschen zu sein. Es ist sein Leben. Der französische Humanist Lucien Malverne sagt es deutlich, „ich existiere nur von und mit den Anderen" (1960, 60). Das Gegenteil ist eine Flucht vor dem eigenen Wesen. Der Ausdruck „Geisel" (Lévinas) beschreibt die Basis unpassend, nämlich so, als ob die Situation fern vom Wesen des Menschen sei. Ich kann nicht Geisel meines eigenen Wesens als Mensch sein, wenn ich ein Mensch bleiben muss. Ich bin auch nicht dazu verurteilt ein Mensch zu sein. Ich bin ein Mensch. Ich habe keine andere Alternative.

Es wäre zu kompliziert den ethischen Zusammenhang zwischen dem menschlichen Wesen und der Verantwortlichkeit in Form des Geiselseins zu interpretieren. Denn: Einerseits muss man zugeben, dass die

Stellung des Menschen in der Verantwortung für den Anderen sich so zeigt als sei sie eine Bürde oder Knechtschaft. Andererseits kann man sie als einen Auftrag interpretieren, der zum menschlichen Dasein gehört. Ich bin zur Verantwortlichkeit für die Not der Mitmenschen und zur Sorge für das Wohlbefinden der gesamten Schöpfung aufgerufen. Und diese Aufgabe kann man besser als meine *Erwählung* die Mitmenschen und die Schöpfung zu tragen, bezeichnen, denn sie als Geiselsein zu betrachten. Zu meinem Menschsein mitten unter anderen Menschen und den ganzen Geschöpfe mit dem dazugehörigen Imperativ der Verantwortung braucht man nicht als eine sich unterwerfende Knechtschaft abwerten. Es wäre zu wenig, vom Reichtum der Erwählung des Menschseins zu sprechen, wenn man das Tragen der Mitmenschen und der gesamten Schöpfung als „erdrückenden Auftrag" und „göttliche Mühsal" darstellt, wie Lévinas es nennt (Lévinas 1992, 272); es gehört zum Menschlichen auch wenn es mir beschwerlich und lebensunfroh erscheint.

6. Der Begegnende erwählt mich: *Die Erwählung zur Verantwortung ist weder Verdammnis noch Vorteil, sondern Einladung*

Es ist unsere These, dass die Nähe des Anderen eine Aufforderung zur Verantwortung für ihn ist. Das bedeutet, dass ich mich nach außen zu richten habe. Sie ist die Verantwortung ohne abgesprochene Verpflichtung. Seine Nähe (die Nähe des Anderen) gibt den Befehl. Ich stehe unter seiner Erwählung, indem ich mich in seiner Nähe befinde. Ich bin zur Solidarität mit ihm erwählt worden. Aber diese Erwählung ist keine, die mich zu etwas Besserem als die Anderen macht, oder es mir einbilde. Im Gegenteil, sie bindet mich in der Sorge um ihn. In der Nähe des Anderen bin ich erwählt für ihn, nicht für das Ego. Es ist widersprüchlich mich selbst zu erwählen. Das Ich ist noch in sich oder um sich und kann sich nicht erwählen. Um erwählt zu werden, muss ich nach außen gehen, zum Anderen.

Seine Nähe ist eine Erwählung, die meine Zugehörigkeit zu ihm bestimmt. Und die Zustimmung meiner Zugehörigkeit zu ihm ist weder seine Unterordnung unter mich noch meine Herrschaft über ihn. Trotz der Nähe bleibt er ein Anderer und ist auch anders. Sein Auftritt steht sogar meiner vorherrschenden Verstandes- und Sorgestruktur im Wege.

7. Zwischen Wissen und Aufforderung zur Verantwortung für den Anderen

Aufgrund der Meinung, dass das Gegenüber nicht mein Ersatz ist, könnte man durchaus an folgender ethischen Grundthese festhalten: Die Beziehung zum Anderen ist nicht durch mein Wissen zu vermitteln, sondern durch die direkte oder unmittelbare Gegenwart des Anderen. Jede mitmenschliche Beziehung verliert diese Grundbedeutung der Gegenwart des Anderen, sobald diese Beziehung sich an der verstandesmäßigen Kenntnis über das Gegenüber orientiert. Jede Wahrnehmung des Anderen in konzeptueller Form hemmt die mitmenschliche Beziehung zwischen mir und ihm. Die konzeptuelle Wahrnehmung des Gegenübers ist der Versuch des Ich, der Aufforderung der Verantwortung für ihn auszuweichen. Denn jede konzeptuelle Betrachtung des Gegenübers spielt die konkrete Gegenwärtigkeit beider Seiten der Begegnung herunter. In dem ich den Anderen oder seine Gegenwart zum Konzept mache, verlasse ich den Ort meines Eintritts für ihn. Ich kann auf seine konkrete und persönliche Nähe nicht mehr antworten. Somit leugne ich mein Ausgeliefertsein durch seine konkrete Gegenwart oder Nähe.

Wie schon gesagt, die Gegenwart des Gegenübers liefert mich ihm aus. Damit wird mir die Dominanz über ihn entzogen. Als Mensch kann ich der Grundbeziehung zu ihm nicht entgehen. Sie zeigt die Empfänglichkeit beider Seiten. Und Empfänglichkeit fordert zum unausgesprochenen moralischen Imperativ auf, der auf der menschlichen Sensibilität basiert. Die Aufforderung befiehlt nicht die Opferung der spezifisch menschlichen Natur auf dem Altar der verallgemeinernden Regeln. Sie macht den Menschen nicht zu einem rationalen Instrument, das nur nach logischer Ordnung funktioniert. Im Gegenteil, sie bestätigt, dass er kein funktionierender Automat – kein ethischer Roboter ist. Aus der Nähe des Gegenübers entstanden, fordert sie zur Verantwortung auf, weil das Gegenüber ein Mensch ist, wie ich.

Gemeint ist hier eine Verantwortung aus dem Geist der Sensibilität für den Anderen, in der ich mich für ihn und für das, was ihn betrifft einsetze. Sie ist nicht Verantwortung in der traditionellen Meinung, in der man *nur* für eigene Taten oder Aussagen verantwortlich ist. Man legt Rechenschaft über die Tat und Gesagte unter der Kontrolle des sogenannten *neutralen Dritten* ab – der *„universalen Vernunft"*, unter dessen Gesichtspunkt und Urteil mein Gesagtes und meiner Tat ihre Objektivität bekommen werden. Unter diesen Bedingungen übernimmt jemand als Subjekt die Verantwortung mit Pflichten und Rechten. Aber das Problem dieser traditionellen Konzeption liegt darin, dass die Verantwortung nur monologisch stattfindet. Sie folgt einer vorgegebenen Ordnung (die keinen Austausch ermöglicht), in der weder meine eigene Ansicht und mein Wunsch noch die mögliche Sondersituation des Anderen berücksichtigt werden. Aus Erfahrung wissen wir, dass Rechte und Pflichten der vorgegebenen Ordnung als Verantwortung nicht ausreichen werden. Mein Tun und Sagen werden dahinter zurückbleiben; und ob all meine Tat und mein Gesagtes berechenbar sind, ist fraglich. Aber einer ist klar: Meine Verantwortung als Rechenschaftsablegung für meine Tat oder mein Gesagtes reicht nicht aus. Es bleibt noch die Notwendigkeit der *Antwort* für das, worüber ich keine Rechenschaft ablegen kann, für das, was unberechenbar bleibt. Das ist das, was Verantwortung für uns in der vorliegenden Arbeit bedeutet: Verantwortung als Antwort auf die Nähe des Anderen, Antwort aus dem Imperativ des Menschlichen.

Die Verantwortung im Sinne von Antwort auf die Nähe des Anderen und auf seine Betroffenheit erwählt und sucht mich aus. Ich muss als Mensch, berührt durch den Ruf des Anderen, antworten. Es handelt sich nicht um eine Antwort auf ein vordeterminiertes Rufen. Eine Rechenschaftsablegung ist nicht genug und befreit mich nicht von der Aufforderung des Menschlichen im Verhältnis zu meinem Gegenüber. In seiner Nähe bin ich durch meine Sensibilität verpflichtet. Aber diese Verpflichtung endet nicht mit meiner Rechenschaftsablegung. Ich kann seinem Rufen nicht ausweichen, wenn er in der Nähe ist. Er erhebt Anspruch auf eine Antwort. Und ich bin aufgerufen sie ihm zu geben. Dieser Anspruch auf der Antwort auf den Ruf des Gegenübers steht höher jedes *Verlangens* meiner Urteilskraft, höher als jeder Form von Rechenschaftsablegung. Meine menschliche Antwort kommt nie zu einem endgültigen Schluss. Jede Antwort ist ein Ruf nach neuer Antwort. Lévinas sagt: Jeder Schritt hin zum Anderen steigert das Bedürfnis der Annäherung, wie die Liebkosung sich steigert, je mehr die Liebenden sich lieben (vgl. Lévinas [3]1998,

283). Es gibt keine endgültige Erfüllung, soweit die Liebe da ist und soweit die Nähe existiert. Die Verantwortung erfüllt sich nicht endgültig, soweit ich ein Mitmensch bleibe oder bleiben will.

8. Verantwortung und Selbstverantwortung

Es stellen sich viele Fragen: Besteht nicht die Gefahr, dass das Gegenüber die Selbstverantwortung für sich selbst aufgrund meiner unaufhörlichen Verantwortung für ihn vernachlässigt? Anders gesagt, besteht nicht das Risiko, dass niemand mehr für sich selbst und sein Tun verantwortlich ist? Verletze ich nicht die Freiheit und Authentizität der Antwort des Anderen, indem ich auf seine Nähe unaufhörlich antworte? Inwiefern bin ich selbst in solchem Engagement authentisch? Eine allgemeine Antwort kann so lauten: Ein solches Konzept der Verantwortung *für* den Anderen als Antwort auf seine Nähe hat ihre Bedeutung im Zusammenspiel mit der Selbstverantwortung des Gegenübers. Ohne seine Selbstverantwortung hat die ganze Verantwortung kein menschliches Gesicht.

Die Gültigkeit dieser Meinung lässt sich anhand des Beispiels der Fürsorge für Minderjährige und Behinderte ausführen. In solchen Fällen kann Verantwortlichkeit für den Anderen im Zusammenhang mit seiner Selbstverantwortung eine Mitverantwortung und eine Vorbereitung sein (vgl. Vertretung). Denn solche Fürsorge beinhaltet auch die Sorge um die Übernahme seiner eigenen Selbstverantwortung; sie schließt die Sorge um die positive Veränderung seines Zustandes nicht aus (auch wenn dieser Zustand unveränderlich scheint). Meines Erachtens hat die Fürsorge ihre Bedeutung mehr im Sinne des *Im-Auftrag-von*, welche als Vorbereitung dient und sekundäre Bedeutung hat, wenn sie von der Seite des

Gegenübers betrachtet wird, aber primär von der Seite des Ich. Hier muss man sagen, dass die Verantwortung eine breitere und tiefere Basis hat als die Fürsorge. Somit besteht das Risiko der Dominanz oder des Überschattens des Anderen nicht mehr. In diesem Sinne kann die Mitverantwortung auch eine Verantwortung im Sinne einer total selbstlosen Vertretung des Anderen sein, wenn man sie aus der Sicht des Ich betrachtet. Die Idee der Verantwortung für den Anderen im primären und wesentlichen Sinne schließt die der Mitverantwortung nicht aus. Das heißt: Meine Verantwortung für den Anderen schließt nicht aus, dass er Raum zur Selbstverantwortung hat.

Hier lässt sich unsere Betrachtung wie folgt zusammenfassen: Selbstverantwortung schließt die Verantwortung für das Gegenüber nicht aus, sowie die Verantwortung für das Gegenüber die Selbstverantwortung nicht ausschließt. Die Mitverantwortlichkeit übersetzt die richtige Bedeutung der Verantwortung aus Sicht beider Seiten.

Es stellt sich die Frage, ob die Idee der *unaufhörlichen* Verantwortung für das Gegenüber durch seine Nähe nicht dahin tendiert Hass, Gewalt und andere kriminelle Neigungen zu wecken oder zu provozieren. Anders und direkter ausgedrückt: Ist es nicht ein großes Risiko, alle – auch die Gegner, unter meine Verantwortung zu stellen? Wenn das so ist, bestätigt eine solche Verantwortung für alle dann nicht eine Billigung von Bosheit und Folge böser Reaktionen? Wenn aber Verantwortung für den Anderen auch heißt, dass ich verantwortlich für die Verfolgung gegen mich selber bin, wie

Lévinas sagt, welchen Wert hat sie (die Verantwortung) dann? Auch wenn die unendliche Verantwortung akzeptabel wäre: Wie sichere ich mich ab, damit die Verantwortung mich nicht überwältigt?

Das Tragen der Verantwortung für die Schuld meines Gegenübers (auch sein Verfolgen gegen mich, wie Lévinas meint) lässt sich nur über den menschlichen Verstand hinaus erklären. Es lässt sich nach der Meinung der vorliegenden Arbeit nur durch die menschliche Sensibilität erklären. Nur mit menschlicher Sensibilität erlebe ich den Anderen ungehindert durch meine Selbstsucht. Die Sensibilität sagt mir: er steht auf einem Podest, höher als mein Egoismus sein kann.

Zum Thema der unendlichen Verantwortung für den Anderen stellt sich eine Frage, die wir nicht übergehen dürfen: Inwiefern kann ich den Anderen vertreten ohne sein Recht auf Freiheit zu verletzen?

9. Die Freiheit und die Verantwortung

Im traditionellen Denken wird Freiheit als die Abwesenheit von äußeren oder inneren Zwängen gesehen. Nach dieser Auffassung ist ein Mensch frei, wenn er tut, was er will. Das bedeutet, ich bin frei, wenn ich nach meinen eigenen Wünschen, Haltungen, Meinungen und anderen persönlichen Dispositionen handle. Mein Handeln ist dann frei, wenn ich anders hätte handeln können, sofern ich es gewollt hätte. Eine menschliche Handlung ist frei, wenn sie aus den natürlich menschlichen Dispositionen entsteht.

Hinsichtlich der Grundthesen unserer vorliegenden Arbeit ist diese traditionell idealistische Konzeption der Freiheit in Frage gestellt. Es wäre eine sehr verengte Freiheit. Diese Bedeutung könnte den Eindruck vermitteln, wie Lévinas kritisiert, als sei man bei der Schöpfung der Welt dabei gewesen und könne deshalb nur für eine Welt verantwortlich sein, die man aus freiem Willen hervorbracht hat (vgl. Lévinas 1992, 271). Solches Denken verrennt sich in *unverantwortliche Ausflüchte.* Ich nehme gerne das Beispiel in der biblischen Erzählung von Hiob, die oft bei Lévinas und Buber oft vorkommt: Hiob denkt irrtümlich, dass man in einer vernünftigen Welt nicht zur Verantwortung gezogen werden sollte für etwas, das man nicht begangen hat. Solches Denken tut so, als ob die Welt eigenes Projekt wäre. Es ist das Resultat des Ich-Dominanz-Denkens. Aber in der Realität war ich selbst nicht beteiligt am Projekt der Erschaffung der Welt. Das Weltprojekt ist umfangreicher als das Projekt meines Willens, Denkens und meiner persönlichen Dispositionen. D. h. die Subjektivität meiner Handlungen und Dispositionen ist wohl angesichts der größeren Welt begrenzt und ihr untergeordnet, dennoch bin ich im Rahmen ihrer Ordnung zur Verantwortung aufgefordert. Also ist meine Verantwortung nicht auf meine enge Subjektivität begrenzt.

Meine subjektiven Ansichten und Perspektiven der Dinge sind später in die Welt entstanden. Sie waren nicht die Modelle der Erschaffung der Welt. Sie können nicht die Ursachen aller anderen Dinge sein. Alles war schon geordnet, so als ob ich später *hineingeworfen* worden wäre. Dass ich später gekommen bin beschränkt auch meine Möglichkeit. Der Imperativ heißt dann: Diese Welt, die ich nicht geordnet habe, muss ich *ertragen*. Obwohl sie mich belastet, stammt sie aus der Urgüte der Schöpfung. Mein Dasein und meine Freiheit sind nur ein Teil des Verlaufes der Welt. Der Mensch ist also nicht das Maß aller Dinge, contra die Meinung des antiken Denkers Protagoras (Vorsokratiker).

Die Freiheit des Menschen als aktiven Subjektes hat eine andere Dimension. Sie geschieht in der Beauftragung zum Guten ohne Wahl. Sie geschieht nicht unter der Möglichkeit der Wahl zwischen Gut oder Böse. Die Freiheit ist die Beauftragung zum Guten, die mit dem Menschsein verbunden ist. Es ist, als ob man zum Tragen des Anderen verurteilt ist. Denn in dem ich den Anderen trage, bin ich frei. Aber in dem ich ihn ablehne, behindere ich selbst meine Freiheit. Indem ich für ihn einstehe, entgehe ich der Beschränkung der Beziehung zu ihm. Ich bin frei, weil ich nicht nur Glied einer Relation bin, sondern mich auch dem Anderen in der Realität des menschlichen Bündnisses ergebe. Das Sich-Ergeben-Im-Bündnis des Anderen impliziert eine Beziehung der Verantwortlichkeit für den Anderen. Das Ich ist damit durch die eigene Identität begrenzt und nicht mehr durch den Anderen.

So ist die letztgültige ethische Unterscheidung nicht in dem Zwiespalt von Freiheit und Unfreiheit zu finden. Die Unterscheidung zwischen *frei* und *unfrei* in diesem Sinne ist kein endgültiger Maßstab nach dem zu entscheiden ist, was *menschlich* und *unmenschlich* ist, oder was *sinnvoll* und *sinnlos* ist (vgl. Lévinas 1992, 272). Das Argument scheint in unserem Sinne klar zu sein: Die Menschlichkeit definiert die Freiheit, nicht umgekehrt. Die menschliche Freiheit ist die Freiheit, die in der Begrenztheit und Unbegrenztheit der Menschlichkeit verwickelt ist. Denn die Menschlichkeit war da vor der Möglichkeit der Freiheit. Anders gesagt, mein subjektives Dasein, das ein Dasein für einen Anderen ist, ist die Vorgabe meiner Freiheit und nicht umgekehrt. Man kann den Zusammenhang wie folgt zusammenfassen: Das ethische Verlangen besteht also nicht darin, dass ich als Subjekt die freie Wahl für das Gute habe, sondern darin, dass ich, bevor ich die Möglichkeit zu wählen habe, selber vom Guten unbegrenzt erwählt bin. Sie ist eine Erwählung, die nicht an dem Jetzigen gebunden ist. Ich bin in den unaufhörlichen Befehl des Guten hineingerufen, hineingeboren.

Diese Erwählung bedeutet, dass ich von Anfang an in die Pflicht der Verantwortung für den Anderen *hineingenommen* bin, ohne mein Vorwissen, ohne meinen *Willen*. Meine Erwählung zum Menschsein ist der Grund meiner Freiheit. Die Freiheit ist Freiheit zum Guten, zur Verantwortung für den Anderen. Nur im Verantwortlichsein für den Anderen ist der Mensch frei. Jeder Akt der Verantwortung für den Anderen kennzeichnet menschliche Freiheit. Sie ist nicht die Freiheit meiner Initiative oder meines Herrschens und Wollens, sondern die Freiheit, die aus meiner Erwählung entsteht, menschlich zum anderen Menschen zu sein und zu bleiben.

Es gibt ein selten diskutierter Aspekt menschlichen Lebens, der meiner Meinung nach zum Wesen menschlicher Freiheit gehört: Sensibilität. Die menschliche Sensibilität ist nicht schlicht als Sinnlichkeit oder Empfindlichkeit zu verstehen. Sie hat mehr mit der Feinfühligkeit des Menschen zu tun. Aber diese Feinfühligkeit ist das, was alle inneren Kräfte des Menschen (passive und aktive) als menschliche Kräfte ausmacht. Die Rationalität ist menschliche Rationalität, weil sie von Sensibilität charakterisiert ist. Die Emotionalität ist menschliche Emotionalität, weil sie von menschlicher Sensibilität charakterisiert ist. Die Sensibilität ist das besondere innere Vermögen des Menschen, das gegenüberstehende Wesen adäquat zu beurteilen, erkennen, anzuerkennen, begegnen und aufzunehmen. Sie steht hinter menschlicher Rationalität und Sensualität als solcher. Kurz gefasst: Sensibilität ist das, was die Rationalität und Sensualität menschlich macht. Aber das heißt nicht, dass die Sensibilität schon bereits in jedem Menschen voll realisiert, sondern sie ist in jedem einer innewohnenden Kraft.

Nun zurück zu unserer Reflektion über Sensibilität im Zusammenhang mit Verantwortung und Freiheit: In der menschlichen Begegnung bin ich durch meine eigene Verwundbarkeit gerufen *sensibel* zu den anderen Menschen zu sein. Durch Sensibilität bin ich mir des Anderen als eines Menschen bewusst. Durch die Sensibilität erkenne ich ihn an. Sie befiehlt mir ihn anzunehmen. Sie sagt mir: Er spiegelt meine Identität als Menschen wieder. Im positiven Sinnen, ist Sensibilität der Gewissenbiss in mir, der mich zur Sorge für um den Anderen bewegt.

Es kann nicht oft genug wiederholt werden, dass der Mensch von Natur aus für den Anderen geeignet ist. Diese Verbundenheit und Nähe des Anderen befiehlt zur Verantwortung für ihn. Aber diese dauerhafte Neigung des Menschen zur Gemeinschaft muss außerhalb des Menschen einen unerschöpflichen Bezugsort haben. Denn wir wissen, dass der Mensch in seinen Fähigkeiten sehr begrenzt ist. Die Frage bleibt: Woher hat er diese beständige Natur und ihre unbegrenzte Sensibilität?

10. Der Ursprung menschlicher Sensibilität und der Grund der unbegrenzten Verantwortung

Es gibt eine Urerklärung von vielen Religionen and Traditionen, dass der Mensch von einem Schöpfer entstanden ist. Dieser Schöpfer in sich besitzt das, was im Menschen fehlen: die Unendlichkeit. Der Mensch ist endlich aber der Schöpfer ist unendlich. Aber in den Offenbarungsreligionen (Judentum, Christentum und Islam) ist diese Behauptung ein Teil des Glaubens. Der Mensch, obwohl in seinem irdischen Leben endlich ist, ist er das Ebenbild des unendlichen Schöpfers. Denn unsere Schlussfolgerung lautet: Es gibt einige Merkmale menschlichen Lebens, die nach ihrer Natur uns weiter hinaus führen, dass wir glauben dürfen, dass sie unendlich abstammen, weil sie unendliche Antwort/Reaktion auffordern. Die menschliche Sensibilität ist eine von diesen Merkmalen. Sie hört nicht auf, soweit der andere Mensch da ist. Die Frage bleibt: Woher stammt die Unbegrenztheit menschlicher Sensibilität und Aufforderung zur Verantwortung für den Anderen?

Das Unendliche zeigt auf etwas Persönliches. Es zeigt nicht nur auf das rationell erklärbare höchste geistige Wesen, das mir sehr persönlich nahe steht und meinen Ursprung und mein Ziel *erklärt*. Es ist mein ewiges Du (vgl. Buber). Es ist auch das Du des Anderen, sein Ursprung, der Ort meines Treffens mit ihm. Das Unendliche oder das Ewige Du ist denn der Ausgangpunkt unseres gemeinschaftlichen Daseins. Vielleicht ist es nicht falsch zu sagen: Jeder Mensch trägt nicht nur den Abdruck des Unendlichen als seinen Ursprung in sich, sondern auch den Abdruck des unendlichen Bündnisses mit jedem anderen Menschen. Es scheint plausibel hinzufügen: Es ist das Bündnis, das die unaufhörliche Sensibilität und Verantwortung für den Anderen erweckt.

An diesem Punkt ist das Postulat Lévinas' von der Spur der unendlichen Nähe des Anderen (die *göttliche Illeität*) von großer Bedeutung (vgl. Lévinas ³1998, 230ff). Die Nähe des Anderen ist wie eine Sucht, die sich von Sucht ernährt. Wie die Liebkosung, bei der die Nähe noch weitere Nähe stimuliert, provoziert die Nähe des Anderen die Unruhe nach der nie vollendeten Nähe - der Spur des Unendlichen (vgl. Lévinas ³1998, 283f). Der Mensch steht in einer *Urnähe* zum Göttlichen als seinem Ursprung. Das bedeutet, dass jedes Gegenüber in der Spur des unendlichen Wesen steht, jenes, das mich zur unendlichen Verantwortung für den Anderen auffordert. Das ganze klingt wie eine Art *Deismus*, in dem der Schöpfer der Welt nach der Entstehung der Welt verschwindet und das was wir haben, ist nur seine „Spur", auf der der Andere immer steht, so, als sei er nicht mehr persönlich anwesend ist. Nein. Die Spur kann auch die Gegenwart des Schöpfers bedeuten. Unserer Meinung nach, die der vorliegenden Arbeit zugrunde liegt, ist der Schöpfer immer noch persönlich da, als ein Du zu uns - ein *Urdu*. Er ist da, trotz seines ewigen Abdruckes *auf* uns, als unseren Ursprung. Viele Religionen bezeugen, dass er persönlich da ist, auch wenn er materiell nicht anzufassen ist. Er ist Gott.

III

DOMINANZ: GRUNDHINDERNIS ZUR BEGEGNUNG UND ZUM DIALOG

In unserer Diskussion über die Ansätze vom dialogischen Denken und Handeln, haben sich einige Gesichtspunkte ergeben. Jetzt geht es nicht nur darum, unsere Hauptpunkte zu rekapitulieren, sondern auch einen Blick darauf zu werfen, was sich als das Grundhindernis auf dem Weg zur Begegnung und zum Dialog darstellt: *Dominanz*. Es hat sich deutlich in unserer Diskussion gezeigt, dass ohne Partnerschaft kein Dialog möglich ist. Die Menschen, die miteinander in den Dialog eintreten wollen, müssen sich zuerst als gleichberechtigte Partner zu ihrem betreffenden Standpunkt sehen. Das ist aus zwei Gründen notwendig: erstens, um mir selber bewusst zu machen, dass es um einen ehrlich persönlichen Austausch handelt, in dem ich mein Gegenüber als meines Gleichen sehe. Zweitens, um das Gleichgewicht der Teilnahme beider Seiten zu sichern. Um die Begegnung mit dem Partner überhaupt zu ermöglichen, muss am Anfang die Gleichwertigkeit ihrer Standpunkte als Teilnehmer gewährleistet sein. Vor dem Vergleich der Inhalte überhaupt sind die Standpunkte aller einzelnen Teilnehmer zum Dialog gleichberechtigt.

Es geht nicht darum die Gleichheit der Meinungen über Dinge zu gewinnen. Wichtig ist die Anerkennung der unterschiedlichen Rezeptionen über die Dinge sowie die Akzeptanz der Verschiedenheit der Meinungen. Dieser Zustand, in dem jeder gleichberechtigt ist, ist gerechtfertigt durch die Auffassung, dass jeder Mensch eine andere Umgebung und andere Möglichkeiten hat, um die Realität wahr zu nehmen. Das Hauptargument heißt: Es darf keine *Dominanz* in irgendeiner Form entstehen. Denn jede Form von Dominanz macht wirkliche Begegnung unmöglich. Sie verhindert schon jeden Ansatz zum Dialog. Dominanz erlaubt nur eine Meister-Sklaven-Relation.

Die Dominanz über ein Gegenüber kann viele Erscheinungsformen haben. Sie kann sich zu einem System etablieren. Damit wird die traditionelle Denkrichtung mit ihrer Denk- und Aussagefähigkeit in Frage gestellt. Sie reduziert die Außenwelt und die Menschen auf Konzepte. Sie empfindet keine Verantwortung für sie und fördert sie auch nicht. Der Andere wird nur als Produkt des konzipierenden Ich durch Gedanken und Konzepte wahrgenommen.

Unsere Denk- und Aussagefähigkeit über den Anderen, insofern sie mit dem Ich überlagert ist, gerät in Gefahr der Wirklichkeit des Anderen zu entgehen. Wir wissen von der inneren Sensibilität, dass wir für unsere Beziehung zur Außenwelt und zu den Mitmenschen verantwortlich sind. Das heißt, es kann mir nicht egal sein, welche Auswirkung meine Taten und Aussagen für den Begegnenden haben. Anders gesagt: Das Wesen jeder Begegnung ist Verantwortung für den Anderen. Das bedeutet, in der Begegnung steht das Gegenüber an erster

Stelle, nicht ich. Aber die Dominanz des Ich ist ein Denksystem in der menschlichen Geschichte geworden.

1. Die traditionelle Dominanz des Ich

Würde man gefragt, welches das geschichtlich größte und grundlegende Erbe (dokumentiertes Erbe) in der Denktradition der Menschheit ist, so würden vielleicht viele (westlich geprägtes Denken) das Gedankengut der Antike nennen. Die Schriften der griechischen Antike würden die Grundlage bilden. Würde man innerhalb der Antike selbst, nach den herrschenden Wurzeln suchen, so könnte langsam ein roter Faden von der sokratischen Vorgebung her geknüpft werden. Dieser Faden würde sich durch den größeren Teil der Geschichte ziehen. Es ist die vorherrschende Meinung, dass das denkende Ich Vorrang hat vor dem Anderen, vor dem begegnenden Gegenüber. Das Ich trägt in sich die Erkenntnis. Es braucht sie nicht außerhalb sich zu suchen. So sagt Sokrates (469-399BC), der Vater der Antikephilosophie: Der Mensch bedarf nur der Reflexion um an die Erkenntnis zu gelangen. Auf die Weise der Reflexion kann der Mensch die Prinzipien der Erkenntnis und des Verhaltens finden. Zu erkennen sind nur die Konzepte, nicht der gegenüberstehende Andere. Daher kommt der imponierende klassische Auftrag des Meisters: Mensch erkenne dich selbst („γνωθι σεαυτον"). In Selbsterkenntnis kommt der Mensch zu den wirklich objektiven Wahrheiten, meint Sokrates. Die gegenüberstehende Realität vor dem Ich, scheint keine bedeutende Rolle zu spielen. Nur die Konzepte vom Ich sind wichtig. Sie nehmen den Platz des begegnenden Anderen ein. Das heißt, das Ich und seine Konzepte haben Vorrang. Die Grundlage der Dominanz des Ich ist dadurch angelegt.

Ein deutlicher Grundsatz solcher Dominanz war bereits von Protagoras und den Sophisten in der Antike als Denkansatz gegeben: „Der Mensch ist das Maß aller Dinge". Diese Aussage stellt einen radikalen Anspruch menschlicher Dominanz gegen alle anderen Dinge dar, auch gegen die Mitmenschen.

Der Leitfaden dieser Grundlage der Dominanz durch die Erkenntnis zieht sich weiter in der Platonischen Wiedererinnerungstheorie: Für Platon kommt der Mensch zur Erkenntnis der Dinge durch Wiedererkennen und Wiedererinnern der menschlichen Seele, die in ihrem vorirdischen Zustand bereits die ewigen Urbilder geschaut hat. Die Seele kann unter göttlicher Erleuchtung in der Verbergung und Mannigfaltigkeit der irdischen Erscheinungen die versteckte Idee erlangen. Für den Platonischen Sokrates ist alles Wissen und Erkennen nur Wiedererkennen und Wiedererinnerung (Platon Phaidon §75a-76a; Phaidros §249e-250c). Somit ist auch die Rolle des gegenüberstehenden Anderen zur völligen Bedeutungslosigkeit verurteilt. Das Ich im Namen der Seele ist fast alles.

Bei Aristoteles entdeckt man auch die Spur der Dominanz des denkenden Ich: Er meint, dass die höchste Stufe der Erkenntnis die Theorie ist, die 'Theorie der Theorie". Seine Erklärung lautet: Die höchste Erkenntnis besteht in einem (an)schauend mit sich selbst beschäftigten Denken, dem 'Denken des Denkens', Erkenntnis um ihr selbst willen. Mit dieser Hochschätzung der reinen

Theorie hängt auch die Vorrangigkeit des kontemplativen Lebens im Mittelalter zusammen, das sein Ziel in sich selbst hat. Die Tendenz zu jener Zeit heißt: Das Ich steht an ersten Stelle. Z. B.: Der Augustnische „Quod si fallor, sum!" – Mein Irrtum ist der Beweis dafür, dass ich existiere – ist ein Resultat des Einflusses vom Ich-Dominanz-Denken. Diese Denktradition ist auch bei dem französischen Rationalisten Rene Descartes (1596-1650) in seiner „*cogito ergum sum*" (Ich denke, also bin ich) zu erkennen.

Das Ziel unserer Arbeit ist es nicht weiter über die Kontroverse des Vorrangs des Ich im Erkenntnisvorgang zu argumentieren. Nur soviel soll noch angemerkt werden: Eine starke Denktradition ist gewachsen, die die Ich-Dominanz-Tradition stiftet. Sie hat starke Wurzeln in vielen sozialen Gebieten geschlagen. Ihr Einfluss lässt sich nicht mehr vermeiden. Aber seit dem letzten Jahrhundert machen einige Denker (u. a. Marx, Camus, Marcel, Gandhi, Buber, Lévinas, Mandela, Soyinka, Habermas usw.) uns in unterschiedlicher Weise aufmerksam auf die Ich-Dominanz-Tradition. Viele sind sich darin einig, dass den Anderen vor dem Ich, als den Begegnenden kann man sich nicht wegwünschen. Lévinas weist sogar darauf hin, dass es besser ist, dem Anderen den Vorrang vor dem Ich einzuräumen, weil er das *Ziel* der Begegnung ist.

Viele Dialogphilosophen unserer Zeit (besonders zu erwähnen sind hier Buber und Lévinas) bestätigen in ihren Schriften, dass das abendländische Gedankengut eine Tradition hat, die in einem theoretischen Ich-System verwurzelt ist, besonders in ihren idealistischen Systemen. Buber charakterisiert die gesamte abendländische traditionelle Philosophie als eine *Es-Philosophie*. Das heißt, ein System, in dem das denkende Ich das Begegnende zu inaktivem *Gegenstand* und *Vorgang* macht und sich selbst den Vorrang gibt. So ist der Rest der Welt außer dem Ich die dominierte Welt oder die zu dominierende Welt, eine zweitrangige Welt - die Es-Welt. Sie ist die Welt als das Gebilde des Ich und auch die Welt, die man nur durch das Ich sehen und interpretieren kann. Die Realität ist nur nach dem Ich dargestellt aber nicht nach dem Anderen, dem das Ich begegnet.

Ein Philosoph unserer Zeit, Karl Popper (1902-1994; britisch mit österreichische Herkunft), weist darauf hin, dass diese Ich-Dominanz-Tendenz sich im Denksystem unseres modernen Intellektualismus widerspiegelt. In einem Vortrag über „Duldsamkeit und intellektuelle Verantwortlichkeit" stellt Popper diesen Sachverhalt dar: „Wir, die Intellektuellen, seit Jahrtausenden haben den grässlichsten Schaden gestiftet. Der Massenmord im Namen einer Idee, einer Lehre, einer Theorie - das ist unser Werk, unsere Erfindung: die Erfindung von Intellektuellen. Würden wir aufhören, die Menschen gegeneinander zu hetzen - oft mit den besten Absichten -, damit allein wäre schon viel gewonnen. Niemand kann sagen, dass das für uns unmöglich ist." (Popper 1987, 214).

Der vorhergehende Punkt bringt uns zur Frage der Stelle des Gegenübers in der Wahrheitssuche. Die Suche nach der Wahrheit und dem Ethischen ist nicht möglich ohne den gegenüberstehenden Anderen. Im Angesicht des Anderen erlebe ich die Wahrheit und er ruft mich zum Ethischen, zur Verantwortung. Durch das Ich-Dominanz-Denksystem und den idealistischen Dogmatismus unterschätzt man dies. Aber wir wissen, dass sobald die Begegnung zwischen dir und mir stattfindet, kann man das Umfeld nicht mehr ignorieren. Es ist unser Umfeld, nicht dein oder mein. Es ist und wird nicht nur vom Einzelnen betreten.

Hier hat das Ich nicht mehr den Vorrang. Das Begegnungsumfeld und das Gegenüber haben den Vorrang. Man könnte es so ausdrücken: im *Ort* der Begegnung zwischen dem Ich und seinem Gegenüber liegt das Wesenhafte der Sprache überhaupt: der Dialog.

Jetzt zurück zu unserem Thema: Dialog und Dominanz. Es bedarf keines besonderen Beweises um zu bemerken, dass jede Form der Dominanz eine Hinderung zum Dialog ist. Es geschieht kein Dialog, indem das Ich den Anderen als eigenes Konstrukt oder unpersönlich thematisierende Aussage darstellt, anstatt sich dem Anderen zu zuwenden. Einfach ausgedrückt: Es ist das Reden und Handeln in der Form der Zuwendung zum Anderen, das den Dialog überhaupt möglich macht. Im Dialog wendet sich das Ich dem Gegenüber zu. Das Ich hat nicht mehr den Vorrang, sondern das Gegenüber, das im Begegnungsumfeld erscheint. Das Ich verlässt sein egoistisches Umfeld sobald es ins Begegnungsfeld eintritt. Es ist selber nicht mehr das Ziel, sondern der Andere.

Aber die Erfahrung zeigt, dass die Zuwendung zum Anderen in der Begegnung durch die objektivierende und thematisierende Dominanz des Ich immer wieder bedroht wird. Das Problem ist nicht, dass ich mir das Gegenüber vorstelle, sondern die Gefahr, dass ich dieses vorgestellte Bild eines Gegenübers mit der Wirklichkeit des Gegenübers gleichsetze. In einer solchen Gleichsetzung idealisiert sich meine Vorstellung zum Konzept. Das Üble der Dominanz besteht darin, dass ich durch die Vorstellung das Gegenüber zu einem Abwesenden mache, das nur durch Konzept repräsentiert ist. Ich kann seine Wirklichkeit nur durch (Wieder-) Begegnung mit ihm im Dialog neu erreichen. In der dialogischen Begegnung unterscheidet sich mein reales Gegenüber von meiner Vorstellung des Gegenübers.

Trotz alledem ist daran festzuhalten, dass das 'konzeptuelle Denken' eine Rolle in unserem Kontakt zu den Anderen spielt. Dies darf man nicht leugnen oder unterschätzen, auch wenn es in manchen Situationen an der Unterscheidung zwischen Wirklichkeit und Vorstellung der Wirklichkeit mangelt. Denn der Mensch kann nicht denken, sprechen oder handeln ohne Konzepte. Auch unser dialogisches Denken, Sprechen oder Handeln ist selber nicht total frei von der Verwendung von Konzepten, wenn auch oft ungewollt. Auch die unmittelbarste Begegnung kann der Anwendung nicht entgehen. Aber jede unnötige und unachtsame Konzeptualisierung hindert Begegnung und Dialog. Was ist hier mit der Konzeptualisierung gemeint? Ich konzeptualisiere, indem ich im Erkennen das Gegenüber oder seine Situation auf die bloße Vorstellung reduziere und ihm nicht mehr als einer konkreten Person begegne. In dem Fall verliere ich ihn in seinem bereichernden Dasein.

Aber wenn alles gesagt ist, bleibt doch die Verantwortung, dass wir den Begegnenden durch das Erkennen nicht dominieren dürfen. In seinem Erkenntnisvermögen ist der Mensch nicht derart vordeterminiert, als dass er diese Grenze nicht überwinden könnte. Er kann auch den Begegnenden hauptsächlich erreichen, ohne die Konzepte. Das heißt, unser Denken ist durch die *Verbegrifflichung* nur provisorisch bedingt. Sie verhilft zur 'Vorstellung' der Wirklichkeit. Sie ist nicht die Wirklichkeit selbst. Zum Beispiel, meine unmittelbare Begegnung mit einem Liebenden ist nicht mit der Konzeption seiner Person zu verwechseln. Das eine umfasst die Wirklichkeit seines Daseins als Mitmensch; das andere ist nur die Idee seiner Person. Das konkrete Dasein eines Gegenübers ist wie eine Umarmung, die die unmittelbare Begegnung mit ihm und eine Kommunikation ermöglicht. In der Kommunikation brauchen wir Konzepte. Aber die wirkliche Kommunikation wäre unmöglich ohne Begegnung. Die Begegnung umfasst mehr als Kommunikation und gibt Kommunikation ihren menschlichen Charakter. Das, was ich in der Begegnung erlebe kann ich nicht alles durch Konzepte vermitteln.

2. Die Dominanz in der praktischen Beziehung und die Verantwortung

Wir waren von der These der Erbschaft der Ich-Dominanz-Tendenz in der Geschichte der Erkenntnisforschung ausgegangen. Es war auch angedeutet, dass diese Tendenz viele Facetten unseres praktischen Lebens beeinflusst. Jetzt liegt es an, der These im Sinne des praktischen Leben gerecht zu werden. Mit praktischem Leben hier ist das Leben innerhalb der mitmenschlichen Beziehung gemeint. In gewisser Weise wurde auch bereits oben gezeigt, dass diese Beziehung mit der Frage der Verantwortung zu tun hat. Denn das Wesen der wirklich menschlichen Begegnung ist ethisch. Sie fordert die Verantwortung für den Anderen. Die Verantwortung kann der Dominanz (z. B. Paternalismus oder Maternalismus) nur entgehen, indem ich durch den Dialog die Mitverantwortung des Anderen ermögliche. Das heißt: Der Dialog setzt die Verantwortung für den Anderen voraus. Mein gesprochenes Wort, meine Antwort, mein Handeln mit dem Begegnenden muss die Verantwortlichkeit für das Gegenüber vertreten. Dem Anderen *antwortend, trage ich Verantwortung* (Lévinas). Aber diese Verantwortlichkeit erhält ihr menschliches Wesen nur indem sie die Mitverantwortung des Anderen beinhaltet oder den Raum dafür gibt.

In diesem Zusammenhang scheinen zwei Punkte hier unbestreitbar zu sein. Erstens, jede Art der Dominierung des Anderen durch mein Ich widerspricht grundsätzlich der Idee des Dialoges mit dem Anderen. Denn in der Ich-Dominanz-Situation stehen die beiden Partner nicht auf gleicher Ebene. Zweitens, die Idee des Anderen als des Menschen überhaupt ist nicht mit der Idee des Besitzens und Dominierens oder der zu dominierenden Sachen zu vereinbaren. Die Idee den Menschen zu besitzen, widerspricht dem Grundsatz seiner Würde als einem eigenen Wert für sich. Der Mensch als ein freies Wesen ist ein eigener Wert und kann nicht von anderen in Besitz genommen werden.

Dies zeigt sich deutlich im Gebrauch vieler Kulturen, so, dass es eine selbstverständliche Urbindung im Begreifen des Anderen mit der Verantwortung für ihn gibt. Ein gutes Bespiel ist der etymologische Zusammenhang im Hebräischen zwischen den Termini Verantwortung (*achariout*) und Andere (*acher*) (vgl. Chalier 1984, S. 88). Im Französischen zeigen die stammverwandten Worte *repose, (Antwort) responsabilité (Verantwortung), repondere (zu antworten)* einen ähnlichen Zusammenhang. Denn im ersten Sinne des Wortes gibt man einem Menschen eine Antwort auf seine Frage. Und jede Antwort beinhaltet in sich eine Verantwortung für den anderen Menschen. Das etymologische Zusammenspiel kommt auch im Deutschen vor: das *Wort* richtet sich zum anderen Menschen; meine Ant*wort* auf sein Rufen ist zugleich eine Ver*antwort*ung. Bei Lévinas heißt es: dem anderen Menschen antwortend trage ich die Verantwortung. Bei den Igbos im Süden Nigerias ist das Wort *Mmadu* (der Mensch) mit dem Wort *Ndu* (Leben) verbunden. *Mmadu* setzt sich etymologisch aus zwei Worten zusammen: *Mma* (Schönheit) *Ndu* (Leben).

Mmadu oder der Mensch ist demzufolge *die Schönheit des Lebens* und dieses zeigt den Menschen als eigenen Wert an sich, der in sich als eigenen Zweck ist. Seine Humanität weißt eigene Würde auf.

Das Verbot den anderen Menschen für eigenen Zweck zu benutzen oder ihn in Besitz zu nehmen, findet man im Wesentlichen in vielen Religionen. Es gibt sicher auch Perversion und Missbrauch gegen das Verbot innerhalb der Religionen. Das Verbot stammt vom Grund, dass der Andere, der andere Mensch ein Du ist, das mit dem ewigen Du verbunden ist. So Buber: „Die verlängerten Linien der Beziehungen schneiden sich im ewigen Du. Jedes einzelne Du ist ein Durchblick zu ihm" (Buber 1992^6, 76). Das bedeutet, das Unendliche im konkreten Leben spielt eine wesentliche Rolle in meinem Verhalten gegenüber den Mitmenschen. Man kann es auch einfach als die Ehrfurcht vor Gott durch die Nächstenliebe interpretieren. Man erkennt einen Gott an, der in seiner *Offenheit* den Menschen durch die Mitmenschen ausgeliefert bleibt, jedoch auch als der Andere sein Erhaben wahrt. Anders gesagt: das Göttliche ist durch die ethische Forderung – der Verantwortung für den Anderen – als Kern der mitmenschlichen Beziehung manifestiert. Aber diese *Manifestation* ist keine Enthüllung, keine Gleichsetzung mit dem Göttlichen, sondern das Eintreten des Göttlichen in das konkrete Leben durch die Anerkennung meiner Verantwortlichkeit für den Mitmenschen. Meine Verantwortung für den Anderen ist zugleich mein Zeugnis für das Unendliche, das ewige Du. Einfach gesagt: Der Andere ist zugleich meine Verantwortung, geschickt vom anderen Du, vom ewigen Du (Gott). Als Abbild und zugleich Bote des ewigen Du darf ich ihn nicht zu meinem eigen machen. Er verbietet mir ihn zu dominieren, weil er ein Du ist.

3. Die Gefahr der Dominanz durch die Fürsorge (Die Frage der Mitverantwortung)

Vielleicht haben wir die Verantwortung für den Anderen zu sehr betont. Es könnte der Eindruck entstehen, dass es um die Bevormundung des anderen Menschen geht, oder so etwas ähnliches, wie bei der Fürsorge für Minderjährige. Wir haben aber auch gesagt, dass die Verantwortung als eine Aufforderung zur dialogischen Begegnung einen Raum für den wechselseitigen Austausch zwischen den betroffenen Partnern braucht. Das heißt, die Wechselbeziehung ist eine ethische Grundlage für den Dialog. Ist das nicht der Fall, wird Verantwortung auf die Ebene der bevormundeten Fürsorge oder des Almosens reduziert.

Für manche Denker ist der reziproke Austausch nicht radikal genug um die mögliche Dominanz des Ich zu vermeiden. Zum Beispiel: Lévinas kritisiert Bubers symmetrische Beziehung (Ich-Du), weil sie einen wechselseitigen Austausch unterstützt. Für Lévinas besteht das Risiko, dass ich die dominierende Position übernehme, weil mein Gegenüber zuerst antworten muss. Somit mache ich den Aufruf zur Verantwortung von seiner Rückantwort abhängig. Das ist schon nicht mehr selbstlos, sondern egoistisch. Um dies zu vermeiden, muss ich mich in selbstloser Verantwortung dem Anderen im Bündnis ergeben. Ich muss dem Gegenüber durch bedingungslose Fürsorge antworten und ihm gegenüber Verantwortung übernehmen. Das ist der Kern des Ethischen für Lévinas. Denn wer sich abhängig von Wechselseitigkeit in der Beziehung macht, neigt dazu die Spontaneität der Antwort und Verantwortung zu mindern, so die Folge der Argumentation.

Das Argument geht weiter: Um die Dominanz gegenüber dem Anderen zu vermeiden, muss ich mich so verhalten, dass ich die Verantwortung von mir aus für den anderen Menschen zuerst übernehme und nicht umgekehrt. Ob der andere Mensch rückantwortet oder verantwortet ist seine Sache (Lévinas). Im Augenblick der Begegnung ist er der Auffordernde, der Hilfsbedürftige. Aber die Gegenfrage zu diesem Argument lautet: Muss der Andere ein Hilfsbedürftiger sein, um mein Du zu werden? Ist das Gegenüber nicht vielmehr dadurch dominiert, wenn man ihn und seinen Status als ein Gegenüber durch Hilfsbedürftigkeit erklärt? Ist der Andere kein Du mehr, weil er keine Not zeigt? Missversteht man vielleicht zweierlei Dinge? Sind die Ich-Du-Beziehung und die Fürsorge für den Hilfsbedürftigen das Gleiche? Die Ich-Du-Beziehung, widerspricht grundsätzlich aller Dominanz. Die Fürsorge für den Hilfsbedürftigen dagegen hat eine subtile Möglichkeit den Anderen aufgrund seiner Hilfsbedürftigkeit unter die eigene Kontrolle zu bringen. Sicher kann der Hilfsbedürftige mein Du sein, aber er muss nicht zuvor ein Hilfsbedürftiger sein, um mein Du zu werden. Auch mein Du braucht nicht ein Notleidendes zu sein, bevor ich es anerkenne. Sicher sind Verantwortungsethiker, wie Lévinas, konsequenter als wir geschildert haben, indem sie strenge Selbstlosigkeit fordern. Der Schutz vor der gefürchteten Dominanz ist jedoch sehr gering.

Das Gegenüber als Hilfsbedürftigen anzunehmen garantiert nicht, dass ich ihn auch als mein Du annehmen würde. Es ist immer noch möglich, dass ich ihn unter dieser Verantwortung auch als ein Es und nicht als mein Du behandle. Ich kann den Anderen durch meine Verantwortung für ihn später zu meinem Zweck benutzen. Dann wäre er ein Es und kein Du mehr für mich. Ob das Gegenüber im Augenblick hilfsbedürftig ist oder nicht ist unerheblich. Die Aufforderung zur Verantwortung für ihn bleibt auf jeden Fall bestehen. Die Verantwortung endet nicht mit der Auflösung seiner Situation als Notleidender. Buber bestätigt: „[Das] Verhältnis der Fürsorge [...] kann *als solches* kein wesentliches Verhältnis sein, weil es nicht das Wesen des einen Menschen zu dem Wesen des anderen unmittelbar in Beziehung setzt, sondern eben nur die fürsorgende Hilfe des einen zu dem fürsorgebedürftigen Mangel des anderen [...]. Nicht die Fürsorge ist also im Dasein des Menschen mit dem Menschen das Ursprüngliche, sondern die wesentliche Beziehung" (Buber 1962, 367). Das heißt: Die Grundlage gegen die Dominanz muss im Wesentlichen auf die mitmenschliche Beziehung aufgebaut werden, anstatt auf die Fürsorge.

Die Basis des Ethischen liegt also in der wesentlichen und unmittelbaren Beziehung zum Anderen und nicht in der Fürsorge; sonst würde es heißen, dass die ethische Beziehung aufhört, wenn der Andere keine Not leidet oder ich ihm keine fürsorgende Hilfe mehr geben kann. Die ehrliche Beziehung jedoch hört nie auf, weil der Andere als mein Du nicht auf seine Hilfsbedürftigkeit begrenzt ist. Er bleibt in erster Linie Mensch für mich trotz seiner Hilfsbedürftigkeit.

Die Fürsorge als der Zugang zu seiner Anderheit ist grundsätzlich begrenzt, aber sein Menschsein ist sein Reichtum, unbegrenzt als ein Mensch. Der Zugang zu ihm als Menschen wie ich ermöglicht es mir Fürsorge für ihn als Mensch zu tragen. Die Gefahr, dass ich ihn dominiere wird geringer. Aber wenn ich den Zugang zu ihm nur auf meine Fürsorge für ihn begrenze und ihm alles besorge, was ihm fehlt, bringt mich die Fürsorge nicht näher zu ihm als einem wahren Du. Es besteht die Gefahr, dass ich mich ihm nur oberflächlich annähere und ihn somit durch seine Notsituation zu dominieren und besitzen versuche. Das Argument erscheint einleuchtend. Denn das, was den Anderen als das Du ausmacht, liegt tiefer als meine Fürsorge für ihn. Sein Wesen als mein Gegenüber (als Mitmensch) steht über seiner Hilfsbedürftigkeit. Sein Du-sein kann nicht meiner Fürsorge untergeordnet werden.

In diesem Zusammenhang soll selbstverständlich angemerkt werden, dass eine Beziehung keine wesentliche Grundlage hat, wenn ihre Voraussetzung nur die Fürsorge ist. Die Fürsorge kann auch in einem gleichgültigen Verhältnis geschehen, in einer scheinbaren Ich-Du-Beziehung. Buber teilt mit uns eine ähnliche Meinung. Die Gleichsetzung der Fürsorge mit dem Wesen der mitmenschlichen Beziehung führt oft zur Bevormundung. Zum Beispiel: Freundschaft nur aus Grund der Fürsorge kann zur Profit-Geschäft Relation führen und nicht zum Grundlegenden der von-Mensch-zu-Mensch-Beziehung. Es ist nicht so, als hätte man die Möglichkeit der Verstärkung mitmenschlicher Beziehung durch die Fürsorge ausgeschlossen, aber sie ist keine wesentliche Basis für die Ich-Du-Beziehung und sie schließt die Möglichkeit der Ich-Dominanz nicht aus. Aber es ist nicht das Ziel unserer Diskussion die Bedeutung der Fürsorge zu unterschätzen. Hauptsächlich soll unsere Aufmerksamkeit sensibilisiert werden, sodass wir eine ausgeglichene Meinung vertreten können. Ein gutes Beispiel solcher einen ausgeglichenen Meinung bietet die spätere Ansicht Lévinas' über die Fürsorge und die Ich-Du-Beziehung. In seinem Brief an Buber korrigiert er sein früheres Denken über die Fürsorge und die Kritik an der Ich-Du-Beziehung folgendermaßen: „Ich habe nie gedacht, dass der *mechanische* Akt zu nähren und zu kleiden, an sich, als Begegnung mit dem Anderen bezeichnet werden kann... Ich denke, dass das Du-Sagen schon 'geben' bedeutet und dass, von diesem 'geben' getrennt, sogar wenn es zwischen Fremden sich ereignet, es eine ätherische Freundschaft gibt, rein geistig, die weit davon entfernt, ein ursprüngliches Phänomen zu bilden... Das Du-Sagen durchdringt ohne weiteres meinen Körper bis zu den gebenden Händen..." (Lévinas 1975, 582f).

Es ist also anzunehmen, dass das Du-Sagen schon *geben* bedeutet, und es weißt indirekt darauf hin, dass die Ich-Du-Beziehung wesentlicher als die Fürsorge ist. Die Ich-Du-Beziehung ist die Voraussetzung für eine ehrliche Fürsorge für den Anderen überhaupt und nicht umgekehrt. Denn es wäre eine Unterschätzung der Ich-Du-Beziehung, wenn man das Du-Sagen auf das *Geben* begrenzt. Das *Nehmen* kann genauso das Du-Sagen bezeichnen wie das *Geben*.

4. Die Wechselseitigkeit als notwendige Kontrolle der Ich-Dominanz in dialogischer Beziehung

In dem vorhergehenden Kapitel ist deutlich worden, dass Fürsorge keine ausreichende Grundlage für eine dialogische Beziehung ist. Obwohl sie als Ausdruck meiner Sorge für den Mitmenschen wichtig ist, kann sie auch die Gefahr der Ich-Dominanz bedeuten. Es gibt keine Garantie dafür, dass die Fürsorge für den anderen Menschen nicht in Missbrauch ausartet, auch wenn man sie als eine Verantwortung in der höchsten Form der Stellvertretung versteht, wie bei Lévinas. Um den Zustand der Ich-Dominanz in der Beziehung zu vermeiden oder unter Kontrolle zu bringen, ist die wechselseitige Interaktion mit dem Menschen offensichtlich notwendig. Eine solch wechselseitige Einwirkung entspricht der notwendigen Freiheit als einer Voraussetzung jeder guten menschlichen Beziehung. Allgemein gesehen (ohne Bewertung des Einzelfalls aus dem Augen zu verlieren) ist die Wechselseitigkeit ein grundsätzlicher Beweis, der freien Antwort eines Partners im Dialog. Es geht nicht um die Frage ob die beiden Partner gegenseitig die gleiche Leistung erbringen. Es geht viel mehr um die Möglichkeit einer freien und selbständigen Erwiderung auf den Ruf des Gegenübers. Denn wo keine Erwiderung möglich ist, bleibt die Beziehung bedenklich. Die Möglichkeit der Erwiderung und des gegenseitigen Aufeinandereinwirkens zwischen den Partnern bestätigt ihre Gleichberechtigung als Partner.

Diese Behauptungen bedeuten jedoch nicht, dass die Frage der Wechselseitigkeit oder Reziprozität in der dialogischen Beziehung unproblematisch ist. Im Gegenteil, sie bleibt eines der auffälligen Streitthemen zwischen vielen Begegnungsdenkern unserer Zeit. Ein gutes Beispiel, wie oben mit dem Thema Fürsorge angedeutet, ist die Auseinandersetzung zwischen Bubers dialogischem Denken und der Verantwortungslehre Lévinas'.

Wir nehmen das Thema von anderem Gesichtpunkt auf: Auf der einen Seite bezeichnet Buber die Wechselseitigkeit in der menschlichen Beziehung als eines der wichtigsten Merkmale dialogischer Beziehung. Für ihn bedeutet die wechselseitige Beziehung (Reziprozität) eine „innere Komplementarität von Geben und Nehmen" (H-J. Werner 1994, 62) - die Grundlage des *Dialogischen*. Er nennt sie die wesentliche Teilnahme aneinander und das Wesen der menschlichen Beziehung. Durch sie wirkt mein Du an mir, wie ich an ihm wirke (vgl. Buber 1992[6], 19). Auf der anderen Seite sieht Lévinas die Gegenseitigkeit in der menschlichen Beziehung im Widerspruch zur Zwischenmenschlichkeit (Lévinas 1976, 46). Sein Hauptargument ist, dass eine wechselseitige Beziehung sich nur 'von außen' feststellen lässt. Man reagiert mehr nach äußeren Gegebenheiten und weniger aus eigener innerer Berührung und Empfindung. Man folgt einem gegebenen äußeren Schema, und die Spontaneität bleibt stumm oder abgeschnitten.

Bei wechselseitiger Beziehung besteht die Gefahr, dass ein Du nur repräsentativ wird, wenn es meine Rolle auch übernehmen könnte. Aber ich bin jedes Mal derjenige, der gerufen ist, der antworten muss. Der mich aufgerufen hat, kann nicht gleichzeitig der Antwortende sein. Ich habe die Verantwortung zuerst, nicht der Begegnende. Das Du kann meine Stelle der Verantwortung als ein Ich nicht übernehmen. Das Ich darf nicht auf eine wechselseitige Reaktion des Du warten. „Was das Du oder der Andere macht ist seine Sache", heißt es häufig bei Lévinas. Das heißt: Eine Ich-Du-Beziehung auf ethischer Basis muss eine *selbstlose* Beziehung sein, die nicht von Wechselseitigkeit abhängig ist. Das bedeutet, die Ich-Du-Beziehung als eine selbstlose Beziehung beginnt beim Ich, das sie vollzieht. Sie beginnt nicht von außen. So ist der Platz des Ich mit dem des Du nicht vertauschbar.

Das vorhergehende Argument tendiert zu einem Vertauschen der Ich-Dominanz mit dem Du-Primat. Das heißt, der andere Mensch, mein Gegenüber hat den Vorrang. Es erhebt sich die Frage, ob das nicht wiederum zu einer Dominanz des anderen Menschen über das Ich führt. Denn indem ich mich zum Opfer für den Anderen erkläre, gebe ich ihm die Chance der Dominanz. Somit ist der Einwand, es sei ein Widerspruch, wenn die Selbstheit des Ich durch seine Du-Beziehung realisiert werde unangebracht, als ob meine Selbstheit nur von einem Korrelat abhängig sei. Es ist nicht so, als ob meine Stelle, die eines Zuschauers in der dritten Person wäre, der vom Ich-Du spricht, aber nicht darin involviert ist. Nein. Jedes Du-Sagen ist schon in sich eine Involvierung in den Mitmenschen. Das bedeutet nicht, dass es belanglos ist, auf welcher Seite man steht. Lévinas gibt ähnliche

Interpretation (vgl. Lévinas 1963, 131). Meine Antwort und Verantwortung auf den Ruf des Gegenübers, ist ein Gewinn, der nicht mehr auf der Ebene der wechselseitige Rück-Antwort und Rück-Verantwortung beruht, sondern auf der der verstärkten Teilhabe und Teilnahme an einander – auf *Kommunio*.

In diesem Zusammenhang wäre es eine Verkennung des Daseins des Gegenübers, wenn meine Antwort auf seinen Ruf, die ich aus der Verantwortung heraus gebe, nicht als wechselseitige Beziehung anerkannt würde. Sein Dasein als ein Ruf bringt die Wechselseitigkeit schon in Gang. Meine *verantwortliche* Antwort ist schon wechselseitig. Sie führt zu weiterer Wechselseitigkeit, auch wenn die ethische Entscheidung von mir ausgehen muss. Das Gegenüber darf reagieren. Seine Reaktion ist wichtig für mich, nicht als Bedingung für mich, um Verantwortung zu übernehmen, sondern als Hinweis auf seine Freiheit. Die Frage ist: Kann ich antworten, ohne dass ich einen Ruf gespürt habe? Ist meine Antwort nicht immer eine Antwort auf einen Ruf? Ist nicht jede Antwort ein Ruf nach einer weiteren Antwort? Es scheint, als sei eine Antwort nur eine gute Antwort wenn sie ein Ruf nach einer weiteren Antwort ist (mindestens in einer dauerhaften Begegnung). Wie schon gesagt, das Dasein des Gegenübers ist selber ein Ruf nach Antwort. Seine Gegenwart bringt die Wechselseitigkeit schon in Gang. Das heißt, die Antwort als Zeichen der Begegnung muss eine weitere Antwort bewirken (dauerhafte Begegnung führend). Denn die Ich-Du-Beziehung ist eine dauerhafte Begegnung.

Meine Antwort/Verantwortung fordert zu mehr auf, sobald ich antworte. Die Beharrlichkeit des Rufs wirkt weiter. Jeder Ruf meines Gegenübers ist zugleich eine Aufforderung und Antwort an mich. Und die Antwort und Aufforderung sind in sich ein Ruf nach zu weiteren Antworten und Aufforderungen. Dieser Wiederkehr des Rufes und der Antwort darauf geschehen in der Wechselseitigkeit. Die Wechselseitigkeit dient dem Ziel mich vom Egoismus abzuhalten und zur Selbstlosigkeit aufzufordern. Die selbstlose nichtwechselseitige Beziehung ist also nicht total von der wechselseitigen Beziehung getrennt, sondern ihre Aufforderung. Anders gesagt, zwar ist es die Sache meines Du, ob es mir etwas gibt. Aber dass ich ihm überhaupt etwas geben kann, beruht darauf, dass mein Du mir *erlaubt*, ihm etwas zu geben.

Manche Gegner der Wechselseitigkeitsthese, wie Lévinas, sagen, die Nähe ernährt sich durch die Nähe selbst. Sie werde dadurch wie ein Begehren, das man nie befriedigen kann. Es ergibt sich daraus folgende Frage an die Gegner dieser These: Besteht nicht die Möglichkeit, dass dieses unendliche Begehren auch durch die gewünschte Erwiderung des Gegenübers verstärkt werden kann? Es besteht durchaus die Möglichkeit, dass das Gegenüber mir nicht so genau antworten kann, wie ich ihm geantwortet habe, oder dass es überhaupt nicht antwortet. Aber seine Antwort oder Nicht-Antwort lässt mich trotzdem nicht unberührt, und so ist sie nicht ohne Bedeutung für meine nächste Aktion. Zwar soll meine Bereitschaft, ihm zu antworten, nicht auf der Erwartung einer möglichen Antwort basieren, trotzdem kann die *Möglichkeit* seiner Antwort auch die Urmotivation meiner Bereitschaft zur Verantwortung für ihn sein. Genauer gesagt: Obwohl ich keine Antwort/Verantwortung zu erwarten brauche, bevor ich selbst Verantwortung übernehme, kann die noch nicht geäußerte Antwort ein Wunsch, ein Impuls zur Verantwortung sein. Selbstlosigkeit verbietet keine Selbstmotivierung durch Wünsche oder Hoffnung auf Erwiderung. Wie mir nichts verbietet, auf eine wechselseitige Antwort zu hoffen, so kann ich auch nicht den Umfang der Wirkung dieser Hoffnung voraussehen. Die Antwort kann als Zeichen der Mitverantwortung gesehen werden. Meine Urpflicht zur Verantwortung für den Anderen verbietet weder die Wechselseitigkeit selbst, noch die Hoffnung auf die Wechselseitigkeit. Die Urpflicht der Verantwortung hat mithin ihre Motivation teilweise im innewohnenden, noch nicht geäußerten Urwunsch nach Rückantwort des Anderen (auch wenn ich weiter antworten muss, ohne seine Antwort zu erwarten).

Dieses Argument der Kraft im Urwunsch der Rückantwort des Anderen deutet darauf hin, dass sich in der menschlichen Kommunikation (Sprechen-Antwort-Rückantwort) die Gegenseitigkeit nicht vermeiden lässt. So kann man auch Kommunikation mit den folgenden Leitwörtern der Gegenseitigkeit übersetzen: Wenn das Ich gesprochen wird, ist das Du mitgesprochen und umgekehrt (vgl. Buber); Ich bin weil Du bist (vgl. Barth); Ohne Du, ist das Ich unmöglich (Jacobi).

Ich möchte das Kernproblem der Auseinandersetzung in der Wechselseitigkeitsfrage der dialogischen Beziehung wie folgt zusammenfassen: Eine Begegnung lässt sich entweder als *reziprok* erklären, indem man sie als ein *Verhalten von Dauer* versteht, oder als *einseitig*, indem man sie als ein einmaliges Geschehen betrachtet. Das eine ist die Fortsetzung der Urbegegnung als ein frei dauerndes Verhältnis, Sich-erneuernde-Beziehung, eine wiederkehrende Verbindung zu Partnerschaft - eine bleibende Beziehung in der Art Buberscher Konzeption. Das andere dagegen ist die Begegnung als Geschehen, ein einmaliges Ereignis, in dem mir jemand begegnet *vor* meinem freien Akt, d. h. als ein *Schicksal* - eine Begegnung nach der Lévinas'schen Lehre. Das eine hat nur Bedeutung für das Mitmenschliche als einen Anfang für das andere. Denn eine gute mitmenschliche Beziehung ist eine dauerhafte Begegnung.

Die Notwendigkeit der Freiheit und die Notwendigkeit des Schicksals in der Begegnung sollten zusammengehören. Sie gleichen sich einander an, auch wenn sie, wie Loch bestätigt, nicht gleichzeitig im Vorgang der Begegnung sein können. Um Widerspruch zu vermeiden muss eines auf Kosten des anderen eingeschränkt werden (vgl. Werner Loch 1958, 191). Das heißt: Entweder geht es um meine freie Aktivität in der Begegnung oder um die ergreifende Berührtheit und Betroffenheit, die mich zur Begegnung bewegt. In beiden Fällen ist weder der Wert noch die Unbedingtheit der Wechselseitigkeitsbewegung auszuschließen. Einerseits darf meine freie Aktivität in der Begegnung die Antwort des Anderen nicht ausschließen, sonst findet keine Begegnung statt. Andererseits darf ich die Tatsache nicht ausschließen, dass ich meine Antwort gebe, weil der Begegnende mich berührt und seine Sache mich betrifft, sonst bin ich ihm überhaupt nicht begegnet. Das Rätsel löst sich: Der Begegnende begegnet niemandem, ohne dass jemand ihm begegnet.

5. Wechselseitigkeit als Kommunikationsvorlage

Kommunikation ist für die vorliegende Arbeit nicht ein Akt, durch den ich irgendeine Sache dem Anderen vermittele, sondern ein Akt, durch den ich in der unmittelbaren Begegnung mit dem Anderen ihm einen Dritten oder eine Sache nahe bringe. Das heißt der Andere ist das Ziel der Kommunikation nicht meiner Vorstellungen. Repräsentationen oder Vorstellungen sind zwar Hilfsmittel um den Anderen zu erreichen, aber sie können das unmittelbare Dasein des Anderen nicht ersetzen. Die schlechteste direkte Erwiderung des Gegenübers ist immer noch reicher als die beste Repräsentation über ihn. Die naivste direkte Erwiderung auf die Gegenwart des Gegenübers ist reicher als das raffinierteste Vorurteil und die klügste Vorstellung über ihn. Eine Vermittlung durch die Vorstellung und Repräsentation tendiert dazu, die Gegenwart des Anderen zu unterschätzen. In der Begegnung oder im kommunikativen Dialog versucht man die Barriere der Repräsentation zu überwinden. Ich versuche mich dem Anderen darzustellen wie ich bin und den Anderen anzunehmen wie er ist.

Es stellt sich zunächst die Frage, ob die Sprache überhaupt eine Rolle im kommunikativen Dialog spielt, wenn das Sich-dem-Anderen-Darstellen *unmittelbar* sein soll. Welche Rolle spielen Worte und Taten, Zeichen und Symbole im Dialog? Als *Mittel und Vermittler* des Dritten oder der Sache zwischen den Dialogpartnern sind sie Gefäße. Aber sie sind nicht leere Gefäße. Sie sind Orte des Treffens. In der Abwesenheit des Partners sind sie leer und es findet keine Begegnung statt. Sie über-tragen das Ich zum Du. Der Sinn dieser Mittel besteht also darin, Orte zu sein, an denen das Sich-hingeben im Dialog mit dem Anderen geschieht. Dann werde ich selbst eine Antwort und das *RückWort* für den Anderen, und der Andere ist das *RufWort,* das an mich gerichtet ist. Buber bestätigt das vorhergehende: Das Du ist das Wort, das an mich gerichtet ist. Ohne den Anderen ist keine Sprache oder Kommunikation möglich. Die Sprache bestätigt die Möglichkeit meines Wahrnehmens, meines Bewusstseins und Selbstbewusstseins, aber immer im Hinblick auf den Anderen. Karl Barth hat recht, indem er sagt: Ohne Begegnung ist die Sprache unmenschlich (vgl. Barth 1954, 311) In diesem Zusammenhang ist die Kommunikation im Dialog keine Übertragung von Information, sondern Zeugnis des Ich für das Du, für den Mitmenschen. Denn die durch das Ich übertragene Information bleibt nur ein Resultat der Vorstellungstätigkeit des Ich, als drittes Objekt außerhalb der Beziehung.

Die Kommunikation in der dialogischen Beziehung kann man auch mit der Gemeinschaft des Du und des Ich im Sinne des *Wir* ausdrücken. Wie schon gesagt, sie ist die Kommunikation des Ich mit dem Du. Sie ist nicht auf die Übertragung der Information begrenzt. Sie betrifft mehr den direkten Austausch zwischen den Personen, die sich einander berühren lassen. **Denn Dialog und dialogische Beziehung kann man nicht delegieren.**

Zurück zur Gemeinschaft des *Wir*: Eine unserer Thesen sagt, dass der Mensch von Natur aus für die Gemeinschaft mit anderen Menschen bestimmt ist. Wenn dies stimmt, kann man sagen, dass das *Wir*, als ein Ausdruck dieser Gemeinschaft, eine Vorbedingung für Begegnung und Dialog ist. Das heißt, das Wir ist schon ein vorgegebener Urgrund des Dialoges, der mit dem Menschen zu tun hat. Anders gesagt, der andere Mensch und die Gemeinschaft mit ihm ist der Urgrund des Dialoges mit ihm. Das bedeutet, das *Wir* ist ein grundlegender Ort der Begegnung. Die '*Wir*heit' ist also eine im Voraus gegebene Realität des Menschseins. Menschen stehen von Anfang an in Kommunikation mit anderen Menschen. Sie geben sich selber keine Existenz. Sie sind schon von Anfang an in eine Gemeinschaft hineingeboren. Aus der *Wir*heit entstehen unsere Beziehungen (vgl. Entralgo 1961, 61ff). Dies zeigt sich auch deutlich in der Liebe. Das *Wir* ist nicht als die nachträgliche Summe von Ich und Du zu verstehen (vgl. Binswanger 1953, 176f). Es ist einerseits der Urgrund des gegenseitigen verantwortungsbewussten Gespräches, andererseits ist es das Ziel jeder Kommunikation. So ist Kommunikation keine bloße Übertragung der Informationen, sondern ein Zustand der Verständigung, des gemeinsamen Austausches und der gemeinsamen Verantwortung.

Der Austausch und die Verantwortung hinsichtlich der Gemeinschaft des Wir, kann nicht auf die einzelne Beziehung begrenzt werden. Sie implizieren, dass ich auch in meiner dialogischen Beziehung jenseits des einzelnen Gesprächs verpflichtet bin. Denn jeder echte Dialog führt zu mehreren Dialogen. Lévinas drückt es radikaler aus: „In den Augen des Anderen sieht mich der

Dritte an" (Lévinas 1987dt, 307f). Das bedeutet, dass das Du des Dialoges sich auch auf den Dritten bezieht. Einfacher gesagt, es geht um die Gemeinschaft des *Wir*. Das *Du* des Dialoges ist immer „vor dem Hintergrund eines *Wir*", vor dem Hintergrund anderer Dus. Man lässt durch die Gegenwart des Antlitzes (die unendliche Forderung des Anderen vor mir) die Gegenwart des Menschlichen, der Menschheit, sich offenbaren. Im Konkreten impliziert es die Aufforderung alle Menschen in einer möglichen Austausch-Gemeinschaft einzubeziehen. Das Wir, zu dem ich mit dem anderen Menschen gehöre, ist auch das Wir der ganzen Menschheit, aller Menschen. Das gehört zur Grundlage des Ethischen. Denn durch das Dasein des Gegenübers ruft sein Antlitz mich zur Verantwortung/Mitverantwortung auf. Und das Antlitz bezeugt die Gegenwart des Dritten, ja der gesamten Menschheit (vgl. Lévinas 1987, 308f).

6. Wechselseitigkeit und Austausch als Antwort auf das Problem der Ichsucht

In unserem Diskurs bestand der Haupteinwand gegen die Wechselseitigkeit in der dialogischen Beziehung darin, dass sie (die Wechselseitigkeit) die Ichsucht verstärkt oder verstärken könnte. Denn jeder wechselseitige Akt tendiert dahin, das Interesse am Sein zu verstärken. Und durch das *Interessiertsein* des Ich erstarrt die Beziehung zum anderen Menschen zur bloßen Struktur des Lohns und der Belohnung, oder Vergeltung. Es entsteht eine Struktur, in der man die menschliche Beziehung nur nach Profit und Belohnung im Namen der Gerechtigkeit fordert, die aber die Gnade ausschließt. Eine solche Struktur reduziert die menschliche Beziehung auf eine einfache Relation (vgl. Lévinas 1992, 184). Diesen Vorbehalt radikalisiert Lévinas wie folgt: „Das Interessiertsein am Sein und das Interessiertsein des Seinsaktes selbst findet seinen dramatischen Ausdruck in den miteinander im Kampf liegenden Egoismen, im Kampf aller gegen alle, die [...] miteinander Krieg führen [...]" (Lévinas 1992, 26), ähnlich wie bei Hobbes' *Naturzustand* des „*homo homini lupus*"- der Mensch ist des Menschen Wolf.

In unserer Diskussion gibt es eine zweite Reaktion gegen die Ichsucht. Diese Reaktion kritisiert die traditionelle Denkweise, die dem denkenden Ich, als dem Ausgangspunkt im Verstehen des anderen Menschen, den Vorrang gibt. Die Ichsucht ist gestiftet. Denn das Gegenüber wird zu einem Konzept des denkenden Ich gemacht. Dem Gegenüber wird nicht begegnet. Es wird einfach konzipiert und nicht erlebt. Seine Identität als die eines Menschen wird auf bloße Nummern und Daten reduziert. Somit wird der Mensch durch die Dominanz des Ichsuchtsystems vergegenständlicht. Dieses Ichsuchtsystem ist in den absoluten Denkrichtungen zum großen Teil vertreten.

Konkreter gesagt, das ichsüchtige Ego reduziert die Beziehung zu anderen Menschen zur wissens- und erkenntniseingeschränkten Relation. Damit wird das Gegenüber nur begrifflich wahrgenommen. Man versteht den anderen Menschen nur als eine Vorstellung und ein Produkt des denkenden Ich, nicht mehr als selbständigen Anderen. Die Relation zum anderen Menschen durch Erkenntnis bleibt also mangelhaft, weil Begegnung und Beziehung fehlen. Denn in der *Relation* zwischen dem Erkennenden und dem Erkannten steht die Anderheit des Erkannten oft im Schatten des dominierenden Ich. Der andere Mensch als Gegenüber wird durch die Beherrschung und das Dominieren des Ich nur zu einem Konzept gemacht. Am Ende wird der Andere konzipiert, nicht erlebt. Er bekommt die Prägung des Ich und wird in sein Muster (des Ich) einordnet. Das Gegenüber verliert durch den Anpassungszwang an das Ich seine Anderheit, seinen eigentlichen Reichtum. Der Anpassungszwang ist bereits Dominanz. In dem Fall begegnet das Ich dem Gegenüber nicht. Es bleibt ihm fremd. Man begegnet nur dem, den man nicht dominiert. In Dominanz begegnet man nur sich selbst und die Bereicherung des Gegenübers durch seine Anderheit ist nicht mehr verfügbar. Jede Form der Dominanz ist eine Beschränkung, die ungerecht ist, gegenüber der Anderheit des Anderen. Das ist das, was die erkenntniseingeschränkte Relation zum anderen Menschen ausmacht: Sie ist eine ungerechte Unterdrückung der Anderheit des Anderen, eben Egoismus.

Über die Frage des *Interessiertseins* gibt es noch einige Punkte klar zu stellen: Es wäre eine Übertreibung zu denken, dass jede Beziehung, die auf Gegenseitigkeit beruht, fest mit dem „Interessiertsein am Sein" und mit den Seinsakten des Profitswahns verbunden sei. Ebenso unangemessen wäre es auch zu behaupten, dass die gegenseitige Beziehung keine echte Beziehung bedeute. Im Gegenteil, die gegenseitige Beziehung als dialogische Beziehung dient oft dazu den Egoismus und die Dominanz zu bekämpfen. In einem egoistischen System ist die Beziehung nur im Licht des Egos zu sehen. Der Andere wird durch mich interpretiert und seine Freiheit wird nur durch mich bestimmt. Aber solche Freiheit ist nur Utopie, weil ich nicht allein bin. Ich muss mit dem möglichen Auftreten des Anderen und seiner Anderheit rechnen.

Letzten Endes ist nicht die Wechselseitigkeit das Problem im verantwortungsbewussten Dialog, sondern die Ablehnung der Wechselseitigkeit in der Beziehung zum Anderen. Es lässt den direkten Einfluss der Anderheit des Gegenübers nicht zu. In der wechselseitigen Beziehung dagegen wird die Anderheit des Gegenübers mehr beachtet.

7. Die Wechselseitigkeit impliziert keinen Egoismus

Zur Frage der Wechselseitigkeit halten wir fest: Die Hauptgefahr des Egoismus besteht darin, dass die Bewegung der Beziehung nur von einer Seite (der Seite des Ich) ausgeht. Denn alles wird dem Ich (dem Ego) untergeordnet. Somit fehlt die wechselseitige Wirkkraft des Gebens und Nehmens zwischen dem Ich und dem Gegenüber (dem Du), die das Leben der dialogischen Bewegung ausmacht. Sie ist aus der Sicht des Gegenübers behindert. Es ist wie die Hegelsche *Herr-Sklave-Relation*, in der es keine gleichberechtigte Gegenseitigkeit gibt.

Auf realistischer Ebene ist die Idee der Verantwortung und Mitverantwortung für den Anderen als ethische Grundlage nur möglich durch die Gegenseitigkeit, die ich hier als das *Ur-Sollen* bezeichnen möchte. Mit *Ur-Sollen* ist gemeint: der innere Impuls in jedem Menschen das Gute zu erwidern so, als ob ihm vom Inneren aus befohlen würde das Gute zu tun oder zu erwidern. Jeder Mensch ist vom Guten bewegt, auch wenn er scheinbar vom Bösen getrieben wird. Das Gute ist das Gleiche für die ganze Menschheit. Es ist nicht geteilt. Auch wenn die Rückantwort des Anderen für meine Verantwortung nicht bestimmend ist, beinhaltet das Ethische, also das Ur-Sollen, die Wechselseitigkeit (Geben-Nehmen und Nehmen-Geben; Rufen-Antworten und Antworten-Rufen). Meine Verantwortung für den Anderen impliziert auch ein Verlangen nach gegenseitiger

Verantwortung und Mitverantwortung, auch wenn sie noch nicht erfüllt ist. Dies gilt auch, wenn ich in meiner weiteren Verantwortlichkeit nicht auf die Erfüllung warten brauche. Es gibt in der Beziehung zwischen mir und dem Gegenüber die Gegenseitigkeit des Ur-Sollens. Meine Freiheit in der Verantwortung für ihn wird dadurch nicht auf seine Rückverantwortung begrenzt. Das gilt ebenso umgekehrt.

Die Gegenseitigkeit des Ur-Sollens (die natürliche Gegebenheit der Antwort und Rückantwort im ethischen Sinne) ist nicht von meiner *Bereitschaft* zur Verantwortung für das Gegenüber abhängig. Und auch meine Selbstlosigkeit in der Verantwortung für ihn schließt die Gegenseitigkeit des Ur-Sollens nicht aus. Einerseits besteht das Ur-Sollen, unabhängig von meiner Beziehung zu diesem bestimmten Gegenüber. Anderseits, hat das Ursollen eine menschliche Bedeutung auf Grund dieser jetzigen Beziehung. So besteht die Reflexivität der Ich-Du Beziehung nicht im Sich-Selbst-Sein des Ich, sondern in der *Verantwortung* des Ich und des Du in der wechselseitigen Begegnung und Beziehung. Das ist eine Verantwortung, die sich nur in der Mitverantwortung vollzieht.

Die Wechselseitigkeit in der mitmenschlichen Beziehung führt nicht unbedingt zum Formalismus und zur Ichsucht und auch nicht automatisch zur Egologie, wie Lévinas meint (Lévinas 1992, 202). Ein wechselseitiger Akt kann auch in Bewegung kommen, ohne Interessiertsein oder Selbstsucht. Meine reziproke Antwort an den Anderen kann geschehen, ohne dass ich seine Rückantwort beanspruche. Ich kann auch aus reinem Verantwortungsgefühl reagieren, und dennoch bleibt meine Antwort ein wechselseitiger Akt. So kann ein wechselseitiger Akt auch aus reinem Verantwortungswillen entstehen, ohne sich auf die Selbstsucht des Egos zu beziehen.

Meine selbstlose Zuneigung zum Anderen schließt seine Erwiderung mir gegenüber nicht aus. Im Gegenteil, ein Akt der Selbstlosigkeit tendiert dazu, einen gegenseitigen Akt der Selbstlosigkeit zu erwecken. Meine Selbstlosigkeit kann auch eine selbstlose Einstellung im Gegenüber erwecken, und dann wird sie zur gegenseitigen Selbstlosigkeit. Meine Selbstlosigkeit ist aber unabhängig von der Erwiderung meines Gegenübers.

Auch wenn meine Verantwortung für den Anderen nicht von der Wechselseitigkeit abhängig ist, kann das gegenseitige Wirken der Beziehung meine Verantwortung doch mehr erwecken und unterstützen. In paradoxer Weise ist die Bewertung meiner Verantwortung für ihn am besten durch seine Rückantwort gewährleistet, d. h. durch Erwiderung. Sonst bleibt eine Verantwortung für den Anderen fraglich. Meine Verantwortung für ihn bleibt bedenklich, wenn sie keine Rücksicht auf die Freiheit des Anderen nimmt. Sie bleibt ungewiss, wenn die Möglichkeit seiner *Selbst*verantwortung, *Mit*verantwortung und *Rück*verantwortung von meiner Verantwortung überschattet wurde. Seine *Rück*antwort und *Rück*verantwortung zeigen seine Freiheit und Würde als Mensch, der in der Gemeinschaft anderer Menschen auch etwas aus sich (seinen mitmenschlichen Reichtum) zu geben hat. Es dient auch seiner Selbsterfüllung, dass er etwas erbringt und einbringt. Das Argument, dass ein Akt, der die wechselseitige Beziehung unterstützt, unbedingt ein interessenorientiert ausgedachter Akt ist, scheint nicht standzuhalten. Wechselseitige Beziehung kann auch durchaus eine Antwort an den Anderen sein, als spontane und *selbstlose* Zuneigung zu ihm.

In diesem Zusammenhang stellt sich eine neue Frage: Wenn die Selbstlosigkeit eine selbstlose Einstellung in dem Gegenüber erwecken kann, wie verhält es sich dann mit dem selbstsüchtigen Verhalten? Kann es auch Vergeltung und Rache, provozieren? Was ist mit den Vergeltungssystemen? Ist der Vergeltungsakt nicht ein wechselseitiger Akt? Und wenn er einer ist, hat er dann mit dem Dialog zu tun? Auf diese Fragen versuche ich im nächsten Abschnitt zu antworten.

8. Die Primitivität der Rache: Verunendlichung des Bösen, Negierung des Dialoges und Rückkehr zur Dominanz

Die Primitivität der Rache liegt darin, dass sie den Verfolgten zu einem Verfolger macht und ihn in der Gefangenschaft des Teufelskreises festhält. Sie raubt ihm den Standort der Anklage. Sie negiert den Dialog und führt ihn zurück zum primitiven Naturzustand des Kampfes aller gegen alle. Im Zusammenhang mit dem Problem der Rache stellt sich die immer wiederkehrende Frage, ob der Mensch wirklich von Natur aus gut ist. Ist er nicht unendlich böse, wenn er sich in den Teufelskreis der Rache begibt? Ist das nicht ein Grund, von der Unendlichkeit des Bösen zu sprechen, wie man von der Unendlichkeit des Guten im Sinne der unendlichen Verantwortung für den Anderen spricht?[11]

Der Vergleich ist hier meines Erachtens unzutreffend. Als Objekte des Vergleiches liegen das Böse und das Gute auf unterschiedlichen Ebenen. Die klassische Bedeutung des Bösen ist der Mangel. Die Bosheit in etwas oder in einem Akt liegt darin, dass es an etwas mangelt. Das Gute dagegen gehört zum Wesen eines Existierenden. Im Gegensatz zum Bösen, das ein Mangel ist, ist das Gute etwas Wesentliches. Das Gute ist eine Fülle, aber das Böse ist eine Leere. Das Böse hat keine

---

[11] Lévinas gebraucht „*Infinition*" als einen Neologismus, um den „dynamischen Begriff der Unendlichkeit" zu bezeichnen; er spricht von „*infinition de l'Infini*" - „die Verunendlichung des Unendlichen" (E. Lévinas, Totalité et infini, a. a. O. S. 257 [dt. S. 410]

eigene Realität, sondern ist ein Resultat aus der Abwesenheit des Guten. Denn das Ziel sowohl in der Verantwortungsübernahme für den Anderen, als auch in der wechselseitigen Beziehung ist es das Böse als Mangel zu bekämpfen und zu überwinden.

Das Grundproblem des Bösen liegt darin, dass der Ort der Begegnung und des Austausches mit dem Anderen durch die Ichsucht zum Ort der Dominanz (gemacht) wird. Das gegenwärtige Gegenüber für das Treffen und die Begegnung ist ausgeschaltet; es fehlt. Nur das Es, der Sklave, der Gegenstand meines Zweckes ist da; das Gegenüber, das Du, ist nicht da. Sein Platz ist leer; der Ort ist arm. Ich kann diesen Ort mit allen möglichen Dingen ausfüllen, aber er bleibt arm und leer, weil der Andere, mein Gegenüber, das Du fehlt. Das Geheimnis des Bösen liegt tief in der falschen Rangstellung des Seins der Dinge, wodurch Mangel oder Leere entsteht. Das ist nicht mit dem Zustand des Guten, das sich immer erneuert zu vergleichen.[12] Die Steigerung des Bösen durch Vergeltung entsteht durch die Ablehnung des Gegenübers. Diese Ablehnung zeigt, dass die Beziehung fehlt. Sie ist eben der Mangel.

Es ist hier nur festzuhalten, dass das Böse nicht etwas Substanzielles ist, sondern wie Lévinas sagt, es ist ein „Bruch mit dem Normalen und dem Normativen, mit der Ordnung..." (Lévinas ³1999, 182). Es ist eine Kluft, Leere oder einen Mangel, der nirgendwo einfügen kann.

---

[12] Das Gute als das, was Wesentliches im Menschen sich leicht verbreitend ist *(bonum diffusivum sui)*, ist etwas anders als das Teufelskreis des Bösen *(circulus vitiosus)*.

Es ist das, was man nicht integrieren kann. Als Leere ist auch die Idee der Verunendlichung des Bösen unmöglich, also überflüssig und widersprüchlich. Aber auf der Ebene der Vergeltung und Rache könnte man vom Teufelskreis-Effekt des Bösen sprechen.

Zurück zum Thema: Teufelskreis des Bösen durch die Vergeltung. In dem ich für den Anderen die uneingeschränkte Verantwortung übernehme, vollziehe ich einen radikalen Bruch mit dem Teufelskreis des Bösen. Es geht nicht darum, ob das Böse im menschlichen Zusammenleben vorkommen kann, sondern ob „wir die Gewalt [gemeint ist das Böse] so bekämpfen sollen, dass wir ... die Institutionalisierung der Gewalt infolge eben dieses Kampfes verhindern können." (Lévinas 1992, 378)

Die vorhergehende Erklärung, dass das Böse ein Mangel ist, argumentiert gegen jedes Vergeltungsvorgehen. Denn jede Bösartigkeit zeigt diesen Mangel. Und jede bewusste Bösartigkeit zeigt einen Mangel im Willen, der sich gegen den anderen Menschen richtet und ihm Leid zufügt. Darum wird auch ein Opfer, das Vergeltung übt zu einem Verfolger. Es mangelt ihm das Wissen zu erkennen, dass es sich selbst durch Vergeltung innerlich und äußerlich verletzt. Denn wer Vergeltung übt, sperrt sich im Teufelskreis der richtungslosen Gewalt des Bösen ein.

Das bedeutet nicht, dass uns das konkrete geschichtliche Gesicht des Bösen und die Betroffenheit des Menschen dabei nicht bewusst sind. Es wäre naiv so zu denken. Im Gegenteil jeder Mensch bringt auch in seinen

Gedanken die Narbe seiner Leidensgeschichte mit. Durch unsere eigenen Erfahrungen wissen wir, dass der Kampf gegen das Böse nur geschehen kann, indem man den Teufelskreis durchbricht; d. h., indem man den das als Mangel durch das Gute überwindet. Daraus ergibt sich die Aufforderung in der Bekämpfung des Bösen nicht nur auf seine eigenen menschlichen Erfahrungen und das eigene Leid zu schauen. Weder der Kolonialismus und die Versklavung Afrikas noch der Holocaust sind die einzigen grausamen Narben des Bösen in der Geschichte der Menschheit. Es gibt viele solcher Grausamkeiten. Die guten Menschen der menschlichen Zivilisation sind jene, die sich über die Erfahrungen hinaus für das Menschliche für alle einsetzen. Die ganze Menschheit ist betroffen, auch wenn viele in dieser Hinsicht noch blind dafür sind. Aber hier stellt sich die Frage, ob die Gerechtigkeit, wie wir sie kennen, angesichts der Betroffenheit keinen Wert mehr hat. Kann man die Vergeltung als Gerechtigkeit rechtfertigen angesichts der Bekämpfung des Teufelskreises? Ist Vergeltung Gerechtigkeit? Welchen Wert hat die Gerechtigkeit, wenn sie sich auf Vergeltung beruft?

9. Die Gerechtigkeit und die Frage der Dominanz

Wir haben inzwischen gesehen, dass manche Denker der Begegnungslehre sehr radikale Aufforderungen gestellt haben. Besonders bemerkenswert ist Lévinas' Verantwortungslehre mit den extremen Aufforderungen von der Verantwortung für den Anderen bis zur Stellvertretung und zum „Geiselsein" (die asymmetrische Beziehung zum Anderen). Solches Denken stellt die klassische Idee der Gerechtigkeit in Frage: Wenn ich als Sühne für mein Gegenüber gesehen werde, wo ist dann die Gerechtigkeit für mich? Wo ist die Gerechtigkeit, wenn es heißt: Der Verfolgte muss für den Verfolger einstehen? Wo ist die Gerechtigkeit, wenn ich verantwortlich sein muss für das, was die Anderen tun oder erleiden? (vgl. Lévinas 1992, 245f). Wo ist mein Platz? Bedeutet Gerechtigkeit etwas anderes als das, was wir aus der Tradition kennen?

Es entsteht eine unvermeidbare Auseinandersetzung zwischen der Überzeugung vom persönlichen Verlangen der echten Begegnung einerseits und der Überzeugung vom Verlangen der äußeren traditionell ethischen Struktur andererseits. Wohl ist ein flexibler Meinungsaustausch wünschenswert, aber ein konsequentes Vorgehen fordert auch hier eine menschliche Verantwortung für das Gegenüber und für mich auf. Entweder stimme ich dem Verlangen der echten Begegnung zu oder ich lasse mich auf die traditionelle Struktur ein, in der vorgefertigte Antworten über das Mein und Dein herrschen. Halte ich an dem Verlangen der Begegnung fest, muss ich etwas das „Meines" heißt abgeben. Am

Ausgangspunkt des Abgebens vom Meinen gebe ich meine Dominanz auf. Der Andere bekommt einen Platz angeboten. Hier ist die Gerechtigkeit mit dem Persönlichen durch Begegnung verbunden, anders als ihre konzeptuelle Bedeutung. Die Gerechtigkeit der Ideenwelt ist mit der Denkweise der Ich-Dominanz verbunden. Sie ist nur die Gerechtigkeit aus der Sichtweise des Ich und zu Gunsten des Ich. Das Gegenüber kommt nur an zweiter Stelle, wenn überhaupt. Das Ziel ist nicht die Begegnung zwischen den Menschen, sondern, es sind egoistische Vorteile des Ich.

Die Gerechtigkeit, die man durch den Standpunkt des Ich auffordert, führt nicht zur wirklichen Gerechtigkeit, sondern zum Egoismus. Sie ist wie die Verantwortung, die nur für mich selbst sorgt. Sie führt nur weiter zur Selbstsucht und bloßem Egoismus. Aber in der Begegnung mit dem Mitmenschen ist die Gerechtigkeit etwas, in der es nicht mehr um die Sorge nur um mich und mein direktes Gegenüber geht, sondern auch um den Dritten – um alle Menschen. Denn in der Begegnung mit dem Anderen ist der Dritte auch schon da als derjenige, der die Gerechtigkeit fordert. Dieser Dritte ist der Platz jedes Menschen. Es kann jeden Menschen betreffen. Diese Gerechtigkeit ist nicht begrenzt. Jede wirkliche Begegnung mit einem Gegenüber kann auch eine neue Begegnung mit einem anderen Gegenüber oder mehreren erschließen. Ein Test in sich für die wirkliche Begegnung und die wirkliche Gerechtigkeit, liegt darin dass eine dominanzfreie Beziehung eine neue Beziehung erschließt, und die neue noch eine neue usw. Denn es gibt nur eine Gerechtigkeit für alle (vgl. Martin Luther King). Lévinas bekräftigt diese Meinung, indem er sagt: „mit dem dritten Mensch, beginnt die Gerechtigkeit" (Lévinas 1992, 328).

Der Dritte erweckt in uns die Frage nach der wirklichen Gerechtigkeit, in der die Gemeinschaft der Anderen (aller anderen Menschen) impliziert ist. Sie ist die Gerechtigkeit, in der jeder für alle verantwortlich ist, weil er ein Mensch wie jeder andere ist. Anders gesagt, der ‚Dritte' ist also bereits da in der Nähe meines direkten Gegenübers. Denn das Gegenüber als Mitmensch ist nicht nur *mein* Anderer, sondern auch der Andere eines Anderen. Der Andere impliziert die Möglichkeit mehrerer Anderer, für die ich auch ein Anderer bin, also verantwortlich. Die wirkliche Beziehung zu einem Menschen ist eine Beziehung, die die Gemeinschaft mit dem dritten und mit mehreren Mitmenschen anerkennt und annimmt. Diese erweiterte Gemeinschaft verhindert, dass die Beziehung zum anderen Menschen dem Eigennutz oder der Dominanz dient. Der ‚Dritte' erinnert mich daran, dass der Andere nicht zu meinem Vorteil da ist, dass mein Nächster auch der Nächste des Dritten ist.

Durch den Dritten spricht man von der „Gemeinschaft der Anderen", in der die Verantwortung des Einen für den Anderen die Gerechtigkeit ist, aber die der „gattungsmäßigen Gemeinschaft" vorausgeht. Damit wäre den egoistischen Zustand „des Krieges aller gegen alle" durch den Zustand „der Verantwortung des Einen für jeden Anderen" überholt. Stephan Strasser interpretiert diese Meinung genauer: „Die Brüderlichkeit ist älter als die Gemeinsamkeit des *genus humanum*. Meine Beziehung zu dem Nächsten als Nächsten verleiht meiner Beziehung zu allen Anderen Sinn. Alle spezifischen menschlichen Beziehungen wurzeln in dem unselbstsüchtigen Desinterssiert-sein..." (Strasser 1978, 352).

Dieser Zusammenhang führt uns zu einem neuen Verständnis der Gesellschaft. Die erweiterte Beziehung zum *Dritten* beschützt den Anderen vor der Gefahr meiner Eigensucht, vor der Gefahr meiner möglichen Ausnutzung, vor meiner Dominanz. Denn die wirkliche mitmenschliche Beziehung besteht darin, dass ich dem Anderen mit einer gewissen Selbstlosigkeit begegne. Meine Beziehung zu ihm als meinem Nächsten gibt den Beziehungen mit allen Anderen ihren Sinn. So hat das gemeinschaftliche Verständnis der Gerechtigkeit seine Begründung in der Verantwortung des-Einen-für-alle-Anderen.

Die Selbstlosigkeit, die dem Anderen den Vorrang gibt, bedeutet, dass ich mich für ihn opfere. Da ich aber für die Anderen ein Anderer bin, kann ich auch Gerechtigkeit für mich fordern. Die Radikalität der Gerechtigkeit jedoch, die nicht auf mich begrenzt ist, bleibt. Sie verlangt, dass ich immer zuerst der Selbstsucht entgehe, wie Lévinas treffend bemerkt: „Die Selbstvergessenheit bewegt die Gerechtigkeit" (Lévinas 1992, 347). Die asymmetrische ethische Beziehung findet in diesem Zusammenhang einen offeneren Horizont. Sie geht von mir aus zu einem anderen Menschen als Mitmenschen ohne, dass ich eine Antwort von ihm zu erwarten habe. Diese Selbstlosigkeit enthält eine Offenheit zu einem weiteren Anderen, der mich auch nicht zu belohnen *braucht* bevor ich ihn anerkenne. Was er tut ist seine Sache, wie Lévinas sagt. Anders gesagt: Die Offenheit zum weiteren Anderen zeigt, dass die Nähe des Anderen zu einem erweiterten Horizont führt, zur Gemeinschaft mehrerer Anderen, zur Verantwortung des Einen für alle Anderen.

Diese Verbindung zwischen den Einzelnen und zwischen dem Einzelnen und der Gemeinschaft zeigt, dass die Frage der Gerechtigkeit mit dem Einzelnen zu tun hat, als einem, der unter dem ständigen Einfluss der Gesellschaft steht. Die Gesellschaft ist zum Teil verantwortlich für seine Taten und sein Handeln. Denn er ist ein Kind seiner Gesellschaft. In diesem Sinne ist er ein Opfer bevor er ein Täter wird. Es genügt also für die Gerechtigkeit nicht, dass man sein Handeln und Tun vom Einfluss und Leben der anderen Menschen isoliert. Es genügt auch dann nicht, wenn man ihn nur verurteilt und bestraft, ohne für Heilung zu sorgen. Es ist eine wichtige Aufgabe der Gesellschaft Heilung für sich und für ihn zu sorgen, um beide Seite auf den richtigen Weg zu bringen. Und indem die Gesellschaft dieser Aufgabe, der Verpflichtung der Heilung ihrer Mitglieder nachkommt, kommt sie selber zur eigenen Heilung. Denn eine Gesellschaft, die kranke Menschen erzeugt, ist selber krank und benötigt Heilung. Indem sie sich der Not der schwachen Mitglieder bewusst wird, erweckt sie in den einzelnen Mitgliedern die Aufmerksamkeit, Sorge und Verantwortung für den Mitmenschen zu tragen. Anders gesagt, indem das Gemeinwesen sich den verletzten Mitgliedern, den Schwachen widmet, wird die Gesellschaft sich als einer Einheit in ihrer Verpflichtung der Sorge für den

Einzelnen bewusst. Es dringt in ihr Bewusstsein, dass der einzelne Mensch keine Nummer oder Zahl in der Menge der Bevölkerung ist, sondern eine Person, die mehr ist als ihre Taten und Fähigkeiten.

Die Gerechtigkeit hat also mit der Mitverantwortlichkeit der gesamten Gesellschaft zu tun: der Gesunden und Kranken, der Täter und Opfer. Es dient zu meiner Heilung und der Heilung der gesamten Gesellschaft, wenn ich mir bewusst mache, dass die Verletzung des Einzelnen letztendlich mich betrifft, und dass ich an den Grausamkeiten der Taten der Täter mitschuldig bin. Diese Konzeption der Gerechtigkeit bringt auch ihre Problematik mit sich. Es ist nämlich zu fragen, ob diese Idee der Gerechtigkeit im Zusammenhang mit der Verfassung der menschlichen Welt nicht sehr begrenzt ist. Ist der freie Wille des Einzelnen nicht dadurch begrenzt, dass man die Be- und Verurteilung seiner Taten vom Einfluss der Gesellschaft abhängig macht? Ist es wirklich richtig, den Menschen als das Produkt seiner Gesellschaft zu betrachten? Beeinflusst er die Gesellschaft nicht mehr, als sie ihn? Hat nicht er im Gegenteil mehr die Möglichkeit, die Gesellschaft zu beeinflussen anstatt die Gesellschaft ihn?

ABSCHLUSS

Das echte Gespräch als verantwortungsfordernder Dialog

Es kann überhaupt keinen Diskurs geben ohne die Konzeptionalisierung des Gegebenen, auch des Gegenübers. Obwohl jede Thematisierung, wie Buber sagt, zur Versachlichung des Gegenübers (was Buber als die Eswelt nennt) führt, ist das große Problem nach meiner Ansicht nicht das Faktum der Thematisierung als solcher, auch nicht die Frage, ob die Eswelt eine positive oder negative Bedeutung hat, sondern die Frage nach der richtigen Stelle der Eswelt (die Welt unserer Konzeptualisierung) in unserer Wissens- und Handlungsordnung und diejenige nach unserer Verantwortung für sie. Der Mensch hat die Verantwortung die Stelle der Welt des Konzepts nicht mit der der Welt der Beziehung oder Duwelt zu verwechseln. Diese Verantwortlichkeit betrifft also nicht nur das Problem des Erkennens, sondern auch das Problem der Moral. Und dies ist meines Erachtens eine der Hauptfragen des Dialoges. Denn keiner, der im Dialog mit dem Anderen steht, darf den anderen Partnern oder das Gegenüber so darstellen, als ob es ein Gegenstand oder ein Produkt eigener Konzeption wäre. Es wäre auch verantwortungslos sich dazustellen, als ob man über die absolute Wahrheit der Realität ohne den Anderen verfügen würde.

Auch wenn die Thematisierung beim Austausch unvermeidbar ist, hat man die Verantwortung, einen ständigen

Dialog mit einem Gegenüber zu führen, um die 'Verabsolutierung' des Thematisierten zu vermeiden. Anders gesagt: Der Dialog als verantwortungsfordernd, erlaubt nur die Thematisierung, in der das Gegenüber im Gespräch nicht durch die Aktivität des Ich überschattet wird.

Ich bin vom Dialogischen als der Grundlage des menschlichen Zusammenlebens ausgegangen. Nach meiner Meinung beansprucht der Dialog eine Verantwortung, die wiederum dem Dialog seinen Wert verleiht. Im Verlauf der vorliegenden Arbeit habe ich versucht zu zeigen, dass die Menschen aufeinander angewiesen sind. Unser Leben und unsere Systeme erreichen die Fülle ihres Werts nur im Zusammenspiel mit den anderen Menschen, mit anderen Wesen und mit der Natur. Die Arbeit hat dazu zeigen versucht, dass ein erfolgreicher Dialog nur gelingen kann, wenn die Partner in ihren unterschiedlichen Ausgangsstellungen (welche oft monologbedingt sind) offen zueinander und flexibel bleiben. Denn die monologische Bestandsaufnahme (*stocktaking*) innerhalb eigenem System hat nur ihren Wert, wenn sie sich als eine Vorbereitung zum dialogischen Austausch mit anderen Systemen ist. Man kann den Monolog dann als den Bestandteil des Vorgangs eines dialogischen Gesprächs bezeichnen, wenn er eine Vorbereitung für den Dialog bleibt und sich nicht verselbständigt.

Wenn der Monolog einseitig verharrt und die einmal eingeschlagene Richtung für die einzige Richtung hält, setzt er sich dem verantwortungsfordernden Dialog entgegen. Damit wird er zur Einstellung, in der die Vielheit der Stellungnahmen unterdrückt wird. Ein verantwortungsfordernder Dialog dagegen lässt eine mögliche Komplementarität zwischen Systemen offen. Somit findet man im verantwortungsfordernden Dialog die Antwort auf die Frage, ob einzeln Lebensansicht, Denkweise, Kultur oder Religion eigenständig und rein bestehen kann, wenn sie wirklich menschlich bleiben will.

In diesem Zusammenhang hat unsere Untersuchung von Bubers und Lévinas' Kritik der abendländischen traditionellen Denkweise dazu beigetragen, die Meinung zu vertreten, dass keine einzelne Denkrichtung, Kultur, Religion und kein einzelnes System kann sich als *das Modell aller anderen* beanspruchen. Das heißt, Lebensansichten und Handlungseinstellungen sind nicht als vollendeten und abgeschlossenen Schemas zu verstehen, sondern als Möglichkeiten für den Austausch zwischen Menschen, Völkern und Systemen.

Dialog ist ein Gemeinschaftsprojekt. Er ist ein Unternehmen einer Kommunikationsgemeinschaft, wobei der einzelne Teilnehmer am Diskurs eine Chance erhält und die Gemeinschaft durch seinen Beitrag bereichert. Man spricht deshalb heute auch von interkulturellem Dialog. Kein einzelnes Lebens- oder Denksystem genügt in sich in der Suche nach der Deutung oder Erklärung der Realität. Auch ein einzelne Person oder einzeln System ist immer nur ein Teil des Ganzen, der der Anderen zur Ergänzung bedarf. Hier ist kein Synkretismus gemeint, sondern echte *Komplementarität*. Die Entwicklung menschlicher Kulturen hat ihren Fortgang der

Komplementarität verschiedener Lebens- und Denksysteme zu verdanken.

Zurück zu unserer Betrachtung über den Monolog: Es ist also zu merken, dass viele verschiedenen Lebensformen und Denkweise, die wir heute als Teile von Systemen betrachten, wurden früher als selbstständige Ganzen gehalten. Das ist die legitime, monologische Entwicklungsphase jedes Systems. Jedes System hat zwischenzeitlich die Orientierung des Monologes nötig, damit in sich eigene Stabilität entwickelt. Um zum Dialog zu gelangen, muss aber das System die Einseitigkeit der monologischen Darstellung verlassen; dadurch wird es zu einem ergänzenden Teil eines Ganzen. Denn ein Teil ist nur ein echter Teil, wenn er sich für das Ganze eignet.

Jedes System ist in sich eine Einheit, aber muss offen für den Dialog bleiben. Im Dialog kämpft man gegen die Einseitigkeit, aber die Einheit des einzelnen Systems in seiner Verschiedenheit oder Anderheit zum anderen ist bewahrt. So ist die Hauptaufgabe des Dialoges weniger der Kampf gegen verschiedene Monologismen und vielmehr die Vermittlung der gegenseitigen Bereicherung durch den Diskurs und die wechselseitigen Ergänzungen zwischen den verschiedenen Menschen und Systemen.

Dieses erweist sich als etwas besonders zu beachten, wenn es um das Erfassen des Menschen geht. Wir machen uns oft in den Wissenschaften ein Bild des Menschen als Gegenstand der Untersuchungen und Subjekt seiner Welt, als konstituierendes Ich. Ein solches

Bild versucht nur, das Wesen des Menschen in seine Einheit mit sich selbst zurückzuholen, die nicht mehr persönlich ist. Aber wie die Vorstellung nur ein *Bild* ist, so auch unsere Thematisierung. Die Verantwortung des Dialoges fordert unsere Unterscheidung der Wirklichkeit von der Vorstellung der Wirklichkeit. Aber diese Unterscheidung können wir nur in der unmittelbaren Begegnung mit und Beziehung zu anderen Menschen erleben.

Im praktischen Sinne verpflichtet dieser dialogische Weg uns, in der Notwendigkeit des Denkens und Sagens Konzeptionen so zu thematisieren, dass wir uns oder den Anderen nachher (in der Teilnahme am Diskurs und Austausch) noch die Chance lassen, *anders* zu denken oder zu sprechen als unsere Konzepten vorschreiben. Anders gesagt, ich bin angesichts der Wirklichkeit des Gegenübers zur Verantwortung verpflichtet, so zu thematisieren, dass das Gegenüber immer die Möglichkeit hat sich ungehindert zu zeigen wie es wirklich ist, sich zu erleben und berühren lassen, wie es ist. Dialog als die Antwort an und Verantwortung für das Gegenüber impliziert, dass ich durch meine Thematisierung das Gegenüber nicht auf meine Konzeption reduziere. Diese Beachtung entspricht der Buberschen Unterscheidung zwischen der Ich-Du-Beziehung und der Ich-Es-Relation als Teil der Verantwortung der dialogischen Haltung.

Die vorliegende Arbeit vertritt die folgende Meinung: Der Imperativ der Nähe des Anderen als verpflichtende Verantwortung für ihn (vgl. Lévinas) ist nur plausibel, indem diese Nähe als eine mitmenschliche Nähe im Sinne der Fortsetzung der Du-Beziehung (Buber) verstanden wird. Zusammengefasst: Dialog hat nur menschliches Gesicht, indem er zur Verantwortung für den Anderen führt.

Wiehl bestätigt dies so: Die Begegnung als der Grund des Dialoges ist der *Ort,* an dem die Wahrheit des Anderen sich ereignet; der Dialog ist der Grund möglicher Wahrheitsbestimmung und eine Wahrheit an sich (Reiner Wiehl 1972, 41). Die Wahrheit scheint dort bessere Möglichkeiten zu haben, wo die Menschen im echten Dialog stehen und sich begegnen. Die Wirklichkeit des Anderen und die Zuwendung zu ihm haben ihren Grund in dem 'Gesprächsbewusstsein' (Wiehl) oder Verantwortungsbewusstsein (vgl. Lévinas), wobei er als Kriterium des echten Dialoges „alle Empfindungen bewusst auf das Gespräch[13] und dessen Verlauf ausrichtet" (ebd., 44). Sie impliziert die Verantwortung des Teilnehmers für den Anderen und für das Gesagte als die Antwort zu seinem Dasein.

---

[13] Hier wird den Terminus 'Gespräch" nicht schlechthin als 'Rede' verwendet, sondern für alle Begegnungsweisen des Menschen.

LITERATURVERZEICHNIS:

ANZENBACHER, Arno, Die Philosophie Martin Bubers, Wien: Schendl, 1965.
BARTH, Karl, *Mensch und Mitmensch: Die Grundform der Menschlichkeit*, Göttingen: Vandenhoeck & Ruprecht, 1954.
BERNASCONI, Robert, & D. Wood, *The Provocation of Lévinas: Rethinking the Other*, hrg. R. Bernasconi, London: Routledge, 1988.
BINSWANGER, Ludwig, *Grundformen und Erkenntnis Menschlichen Daseins*, Zürich: Max Niehans, 1953.
BÖCKENHOFF, Josef, *Die Begegnungsphilosophie*, München: Alber, 1970.
BUBER, Martin, *Das dialogische Prinzip* Verlag Lambert Schneider, Gerlingen, 1992; *Werke, Erste Band: Schriften Zur Philosophie*, Heidelberg: Lambert Schneider, 1962; *Begegnung: Autobiographische Fragmente,* Verlag Lambert Schneider, Heidelberg, 1986; *Israel and the World*, Schocken, New York, 1948; *Nachlese*, Lambert Schneider, Gerlingen, ³1993; *Werke, Zweiter Band: Schriften zur Bibel*, Kösel Verlag/Lambert Schneider, Heidelberg, 1964; *Mein Weg zu Chassidismus* (1918).
CHALIER, Cathérine in: J. Rolland (Hg.), Emmanuel Lévinas, Paris 1984.
COHEN, Richard, "Translators Introduction" to E. Lévinas, *Ethics and Infinity*, Pittsburgh: Duquesne Univ. Press, 1985.
CULLBERG, John, *Das Du und die Wirklichkeit. Zum ontologischen Hintergrund der Gemeinschafts-*

theorie, Uppsala: Uppsala Universitets Arsskrift, 1933.

DIAMOND, Malcolm L., *Martin Buber: Jewish Existentialist*, New York: Oxford University Press, 1960.

DOSTOJEWSKI, Fyodor, *Brüder Karamasoff*, übersetzt von E. K. Rahsin, München: Piper 1955.

EBNER, Ferdinand, *Das Wort und die geistigen Realitäten. Pneumatologische Fragmente*, Innsbruck, 1921

FABER, Werner, *Das Dialogische Prinzip Martin Bubers*, Ratingen bei Düsseldorf: A. Henn, 1967.

GANDHI, Mahatma, *Handeln aus dem Geist*, Freiburg: Herder, 1994.

GUARDINI, Romano, *Welt und Person*, Würzburg: Im Werkbund, 1962.

HABERMAS, Jürgen, *Theorie des kommunikativen Handelns*, Bd. I, 1981; *Vorstudien und Ergänzungen zur Theorie des kommunikativen Handelns*, Frankfurt/M.: Suhrkamp, 1984; *Kommunikatives Handeln und Moralbewusstseins*, Frankfurt/M.: Suhrkamp, 1983.

HARTMANN, Nicolai, *Grundzüge einer Metaphysik der Erkenntnis*, Berlin, 1949.

HERDER, Johann Gottfried, *Ideen zur Philosophie der Geschichte der Menschheit* (1784), In: *Werke*, Leipzig: Meyer, IV,6.,126; IX,2.,243.

HOBBES, Thomas, *Leviathan oder Stoff, Form und Gewalt eines bürgerlichen und kirchlichen Staates*, Hrg. I. Fetscher, Frankfurt/ M. 1984.

JANSSEN, Paul et al, *Philosophie der UnVerbindlichkeit: Einführungen in ein ausstehendes Denken*, Würzburg: Königshausen & Neumann, 1995.

KANT, Immanuel, *Kritik der reinen Vernunft*, Hamburg: Meiner, 1990; *Prolegomena zu einer jeden künftigen Metaphysik*, Hamburg: Meiner, 1993.

KIERKEGAARD, Sören, *Entweder/ Oder*, Düsseldorf : Eugen Diederichs Verlag, 1957.

LÉVINAS, Emmanuel, »Martin Buber und Erkenntnistheorie« in: *Martin Buber*, hrg. von P. A. Schilpp & M. Friedman, Stuttgart, W. Kohlhammer, 1963; *Die Spur des Anderen: Untersuchungen zur Phänomenologie und Sozialphilosophie*, Freiburg/München: Alber Studienausgabe, ³1998; *Wenn Gott ins Denken einfällt*, Freiburg/München: Alber Studienausgabe, ³1999; *Jenseits des Seins oder anders als Sein geschieht*, Freiburg/München: Alber, 1992; *Ethik und Unendliches* (Gespräche mit Philippe Nemo), Hrg. P. Engelmann, übersetzt von Dorothea Schmidt, Böhlaus: Wien, 1986; *Die Zeit und der Andere*, Hamburg: Felix Meiner, 1984; *Totalität und Unendlichkeit: Versuch über die Exteriorität*. Übers. W. N. Krewani; Freiburg/München: Alber, 1987; »Über die Idee des Unendlichen in uns« in *Verantwortung für den Anderen und die Frage nach Gott: Zum Werk von Emmanuel Lévinas*, hrg. von Hans Hermann Henrix, Aachen: Einhard, 1984; »Brief an Martin Buber (Paris, 11.3.1963)« In: *Martin Buber: Briefwechsel*. Bd. III.

LINGIS, Alphonso, "Translator's Introduction" in E. Lévinas, *Otherwise than Being...*, The Hague: M. Nijhoff, 1981; *Emmanuel Lévinas: Collected Papers*, Dordrecht: Martinus Nijhoff, 1987.

MALVERNE, Lucien, *Signification de l'homme*, Paris, 1960.
MARCEL, Gabriel, *Homo viator: Philosophie der Hoffnung*, Düsseldorf: Bastion, 1949; *Man Against Mass Society*, trans. G. S. Fraser, Chicago: Regnery, 1952; *Metaphysisches Tagebuch*, Leipzig: St. Benno, 1966.
MICELI, Vincent P., *Ascent to Being: Gabriel Marcel's Philosophy of Communion*, New York: Desclee Co., 1965.
OLIVETTI, Marco M., „Philosophische Fragen an das Werk von Emmanuel Lévinas" in *Verantwortung für den Anderen und die Frage nach Gott*, hrg. von H.H. Henrix, Aachen Einhard, 1984.
ORTEGA Y GASSET, José, *Der Mensch und die Leute*, München: Deutscher Taschenbuch Verlag, 1961.
PEPERZAK, A.T. (ed.), *Ethics as First Philosophy: The Significance of Emmanuel Lévinas for Philosophy, Literature and Religion*, New York/London: Routledge, 1995.
SCHILPP, P. A. & Friedman, M. hrg., *Martin Buber*, Stuttgart: W. Kohlhammer, 1963.
STRASSER, Stephan, *Jenseits von Sein und Zeit: Einführung in Emmanuel Lévinas' Philosophie*, Den Haag: M. Nijhoff, 1978; »Buber und Lévinas: Philosophische Besinnung auf einen Gegensatz« in: *Revue International de Philosophie*, Paris No. 126, 1978.
THEUNISSEN, Michael, *Der Andere: Studien zur Sozialontologie der Gegenwart*, Berlin: Walter de Gruyter &Co, 1965.

WERNER, Hans-Joachim, *Martin Buber*, Frankfurt: Campus, 1994.
WOLF, Siegbert, *Martin Buber zur Einführung*. Hamburg: Junius, 1992.
WYSCHOGROD, Edith, *Emmanuel Lévinas: The Problem of Ethical Metaphysics*, The Hague: Martinus Nijhoff, 1974.

Wolf Bloemers

Ethics and Social Justice
Ethik und Soziale Gerechtigkeit

Frankfurt am Main, Berlin, Bern, Bruxelles, New York, Oxford, Wien, 2003.
378 pp., num. tab.
European Social Inclusion. Sozialgemeinschaft Europa.
Edited by Wolf Bloemers and Fritz-Helmut Wisch. Vol. 5
ISBN 3-631-39891-3 / US-ISBN 0-8204-6031-1 · pb. € 49.80*

The aim of this core module book within the frame of a European Master study programme of "European Perspectives on Social Inclusion" is to give an overview of the ethical and socio-political facets of social justice against the background of historical change, to focus on empirical studies regarding different concepts and perceptions of social justice in Europe, to outline new orientations and actions concerning social justice in the context of European politics and innovative movements of the civil society.

Dieses Buch ist ein Kernmodul im Rahmen eines Europäischen Master-Studienprogrammes zu europäischen Perspektiven sozialer Inklusion. Es gibt einen Überblick über die ethisch-philosophischen und sozialpolitischen Facetten von Sozialer Gerechtigkeit im historischen Wandel, fokussiert auf empirische Untersuchungen zu Gerechtigkeitsvorstellungen und Gerechtigkeitswahrnehmungen in Europa und skizziert Neuorientierungen und Aktionen hinsichtlich Sozialer Gerechtigkeit im Zusammenhang europäischer Politik und innovativer Bewegungen der Zivilgesellschaft.

Contents: Concepts of justice: an overview · Ethical and philosophical foundations of justice · Ideas and perceptions of social justice in Europe (empirical studies) · European changes and challenges · Civil society and social justice

Aus dem Inhalt: Vorstellungen zu Gerechtigkeit: ein Überblick · Ethisch-philosophische Fundamente von Sozialer Gerechtigkeit · Empirische Forschungen zu Vorstellungen und Wahrnehmungen von Sozialer Gerechtigkeit in Europa · Europäische Umbrüche und gesellschaftliche Herausforderungen · Zivilgesellschaft und Soziale Gerechtigkeit

Frankfurt am Main · Berlin · Bern · Bruxelles · New York · Oxford · Wien
Distribution: Verlag Peter Lang AG
Moosstr. 1, CH-2542 Pieterlen
Telefax 00 41 (0) 32 / 376 17 27

*The €-price includes German tax rate
Prices are subject to change without notice
Homepage http://www.peterlang.de